# Voando sem stress

### Estratégias para superar o medo de voar

Rudolf Krefting
Ahmet Bayaz

Tradução: Ana Luiza de Paula Leite
Revisão Técnica: Ernesto Klotzel

2002

Título original: *Entspannt fliegen – Strategien gegen die Flugangst*
© 2000 Trias Verlag im Georg Thieme Verlag, Stuttgart, Germany
© 2000 Trias Verlag im MVS Medizinverlage Stuttgart GmbH & Co. KG

Editor: Fabio Humberg
Capa e Projeto gráfico: João Carlos Porto
Preparação de originais: Adriana Fonseca
Ilustrações: Liane e Friedrich Hartmann, Nagold
Fotografias: Lufthansa

**Dados Internacionais de Catalogação na Publicação (CIP)**
**(Câmara Brasileira do Livro, SP, Brasil)**

```
Krefting, Rudolf
    Voando sem stress  :  estratégias para superar o medo
de voar / Rudolf Krefting, Ahmet Bayaz ;
tradução Ana Luiza de Paula Leite. -- São Paulo :
Editora CLA Cultural, 2002.

    Título original: Entspannt Fliegen


    1. Medo de voar I. Bayaz, Ahmet. II. Título.
III. Título: Estratégias para superar o medo de voar.


02-1350                                    CDD-158.46
```

**Índices para catálogo sistemático:**
1. Medo de voar em avião : Psicologia    152.46

Todos os direitos para a língua portuguesa reservados
Editora CLA Cultural Ltda.
Rua Coronel Jaime Americano 30 – salas 11/12/13
05351-060 – São Paulo – SP    www.editoracla.com.br
Tel/fax: (11) 3766-9015        e-mail: editoracla@editoracla.com.br

Impresso no Brasil

# ÍNDICE

**Prefácio** ............................................................. **7**

**Sobre este livro** ................................................. **9**

**Como surge o medo de voar** ........................... **11**

As duas faces do medo .......................................... 13

Os componentes do medo ...................................... 15

As causas do medo de voar .................................... 16

Como o medo se manifesta .................................... 18

**Superando o medo** ........................................... **22**

Relaxamento ........................................................... 22

Conhecimento que tranqüiliza ............................... 35

Transformando pensamentos negativos em positivos ......................... 36

Parada de pensamento ............................................ 38

Deixando o pensamento chegar até o fim ............... 39

Dominando o medo antes do vôo e a bordo ........... 41

Enfrentamento em vez de esquiva .......................... 42

## *Checklist* para ações em caso de crise ...... **45**

## Seu plano pessoal para dominar o medo de voar ... **51**

Possibilidades mais importantes para a auto-ajuda ...... 56

Seminários para aprender a viajar de avião sem stress ...... 57

## Registros de um comandante de avião ...... **59**

A formação dos pilotos ...... 74

Técnica, manutenção e revisão de aeronaves comerciais ...... 75

O controle do tráfego aéreo ...... 77

## Voar e a saúde ...... **80**

Vôo de longa duração e seus efeitos no
"relógio interno": o *jet-lag* ...... 82

## Glossário de vôo ...... **84**

## Quem são os autores ...... **89**

# Prefácio

*O sonho de voar é um pesadelo para muitas pessoas. Elas não conseguem aproveitar as viagens rápidas e seguras de avião, ou até mesmo evitam entrar nessa "caixa voadora". Parece paradoxal que, em uma sociedade que acredita tanto na técnica e em estatística, o medo de voar seja tão disseminado. Muitos, só de pensar em subir a rampa do avião, têm taquicardia, ficam com as mãos suadas, preferem pegar 180 km de estrada – embora isso represente para eles um risco muito maior de se ferir ou morrer.*

*O avião é de longe o meio de transporte mais seguro, que, na era do turismo em massa, mais e mais pessoas utilizam. Mas esse reconhecimento racional não ajuda em nada aqueles que têm medo do vôo. Não é possível curar medos só com motivos racionais e "contraprovas". Esses medos tomam conta e dominam as vítimas, ao mesmo tempo psíquica e fisicamente, e surge uma situação de alarme físico-psíquico, que em casos extremos pode levar a um ataque de pânico. Os pensamentos e a fantasia ficam tão fora de controle quanto as reações físicas. E ambos alimentam um ao outro: o cérebro interpreta os sinais corporais de medo como "prova" de um perigo e, no sentido inverso, os pensamentos de medo acentuam as reações fisiológicas.*

*Este livro possibilita ao leitor entender o círculo vicioso do medo de voar e, sobretudo, rompê-lo. Os autores optaram por uma abordagem ampla, que utiliza não somente uma fundamentação psíquica e fisiológica, mas também o fato de, na prática, ela funcionar extremamente bem. Essa abordagem, utilizando-se uma expressão na moda, é global (holística), ou seja, ela leva em consideração tanto os aspectos psíquicos quanto os físicos do medo. Estratégias de combate cognitivas e corporais complementam-se e auxiliam a parar a reação em cadeia físico-psíquica, antes que ela domine o passageiro em potencial.*

*No cerne desta obra encontram-se exercícios de relaxamento, que ajudam em situações de medo imediatas. Esse relaxamento é inserido no trabalho mental que "ameniza" aos poucos aquilo que provo-*

*ca pavor: o avião. O medo de voar não é um destino inevitável, com o qual temos de nos conformar.*

*Este livro preenche uma grande lacuna na literatura a respeito dos diversos medos que assolam o homem moderno. Ajuda a ampliar, literalmente, os horizontes da vida e, assim, contribui para a melhoria da qualidade de vida e do prazer de viver.*

Heiko Ernst
REDATOR-CHEFE DA REVISTA ALEMÃ *PSYCHOLOGIE HEUTE*

# SOBRE ESTE LIVRO

Voar pode ser um prazer ou um pesadelo, sonho ou trauma. O que para algumas pessoas significa fascínio, para outras está intimamente vinculado a uma sensação de medo. Estudos internacionais comprovam que cerca de um quarto, ou até mesmo a metade, de todos os passageiros apresentam sintomas do medo de voar (ou situações semelhantes).

Entende-se por medo de voar um medo paralisante e incomensurável diante do vôo. As pessoas que são afetadas por essa sensação fazem de tudo para não ter de voar. A palavra fobia remete ao deus grego *Phobos,* que significa medo e terror. Hoje em dia, representa um comportamento característico de esquiva ou de medo exagerado diante de certas situações. A escala de reações de medo varia de um simples desconforto até o pânico. Este último termo remete-nos, por sua vez, a outro deus grego, o deus dos pastores, *Pan.* Ele era tão feio que sua mãe o abandonou; mais tarde amedrontava as pessoas e até conseguiu expulsar os persas em uma batalha. Os ataques de pânico surgem de repente, acompanhados de sensações de desgraça.

Este livro tem por objetivo contribuir para que as pessoas, na melhor das hipóteses, dominem seu medo de voar ou, no mínimo, possam minorá-lo. Deve servir como auxílio para as pessoas redescobrirem e experimentarem uma nova sensação ao viajar de avião.

Há 2.000 anos o filósofo grego Epícteto já afirmava: "Não são as coisas que inquietam os homens, mas sim a imaginação do que seriam elas". Essa frase vale também para aqueles que têm medo de voar, porque estatisticamente o risco de morrer em um acidente aéreo é 4 mil vezes menor do que em conseqüência do fumo. Ainda assim, algumas pessoas tremem só de pensar na possibilidade de entrar em um avião.

No cotidiano, fazemos coisas que certamente são muito mais arriscadas do que viajar de avião. Como isso ocorre? Justamente agora, na era da tecnologia mais avançada, em que alcançamos o sonho de Ícaro de voar, não conseguimos usufruir desse feito. Foi preciso consegui-lo para constatar que preferimos caminhar sobre o chão? Mesmo que não tenhamos sido criados com a aerodinâmica dos pássaros, não queremos o retrocesso do desenvolvimento técnico. O avião aproximou povos e países, contribuiu para o enriquecimento de nossas vidas, diminuiu o tempo de viagem e tornou-a mais confortável. Não queremos deixar de voar. Mas também queremos voar sem mal-estar, sem medo e sem stress. Não podemos influenciar o vôo em si, mas, por outro lado, podemos ter controle sobre nossa vivência e nosso comportamento.

Airbus A319-100 da Lufthansa durante o vôo

# Como surge o medo de voar

*Günther Krause é gerente de uma empresa de computadores e tem de ir de avião para Londres para conduzir negociações. Sua secretária reservou para ele um lugar na classe executiva no vôo das 6h40 de Düsseldorf para Londres – Aeroporto de Heathrow. Vinte e quatro horas antes do vôo, o mundo cai para o homem de negócios, que normalmente é um profissional de sucesso. Ele tem dificuldade em se preparar para o encontro já no dia anterior ao vôo. Ele fica tão atormentado por pensamentos de catástrofe que não consegue se preparar para a reunião em Londres. Apesar de seus esforços intensos para se livrar das imagens opressoras e desagradáveis, ele não consegue se libertar. A impotência que experimenta vai em um tal crescendo que ele passa a ter ódio de si mesmo. Ao mesmo tempo, ele se sente fisicamente esgotado. Alguma coisa no seu corpo não está bem, muito embora pratique esportes. Juntam-se às imagens de opressão e à inquietação interior ataques de suor e tremores. Além disso, tem dificuldade de respirar e sente um aperto no coração. Ele não se entende mais, nem tampouco o mundo. Como é que isso pode acontecer justamente com ele? Ele preferiria desmarcar o vôo. Por outro lado, o sr. Krause sabe que sua ida a Londres é inevitável. Esse conflito não o deixa dormir antes do vôo. No dia seguinte cedo, o sr. Krause vai ao aeroporto de Düsseldorf. Ele está atrasado, de modo que não encontra um lugar para estacionar. Por fim, ele se encaminha para a saída A 80. Ao caminhar na ponte de embarque dos passageiros, ele sente que seu coração acelera. O melhor seria ele não embarcar no avião. Com sua última energia, ele supera seu desequilíbrio interior e senta-se no seu lugar na classe executiva. Sua agitação, que está se tornando insuportável, obriga-o a pedir uma dose dupla de conhaque para a comissária de bordo. Totalmente exaurido, Günther Krause chega para seu encontro no Piccadilly Circus.*

*O medo de voar do gerente começou há quatro anos. Naquela época, ele estava voando de Munique para Hamburgo. Foi um*

*vôo com turbulências violentas. Em virtude do mau tempo, o co-
mandante só conseguiu aterrissar com segurança na terceira
tentativa. Esse procedimento foi vivenciado e avaliado por
Günther Krause naquela época como algo extremamente amea-
çador. Depois disso, a lembrança do ocorrido sempre voltava.
Com o passar do tempo, ele acabou inconscientemente criando
uma expectativa negativa, apesar de ter chegado são e salvo e
do fato de esse vôo "desagradável" ter sido precedido de muitos
outros, todos eles agradáveis. No que se refere a viajar de avião,
ele se tornou um pessimista. Dali para a frente, as notícias na
imprensa, raras, mas sensacionalistas, sobre acidentes aéreos
reforçaram ainda mais sua postura negativa. Ele não conseguia
ver que, ao mesmo tempo em que se noticiavam os acidentes,
milhões de pessoas chegavam bem a seus destinos. Tudo o que
se refere a viajar de avião para Günther Krause transformou-se
de prazer em um peso. A experiência de voar passou a associar-
se à sensação de medo.*

Não são somente gerentes, homens de negócios ou pessoas que voam
freqüentemente que sofrem de medo de voar (aviofobia), mas também pessoas viajando de férias ou ocasionalmente, como, por exemplo, aquelas que
querem visitar parentes do outro lado do oceano. E o medo de voar ainda
atinge pessoas que nunca entraram em avião, porque elas temem não poder
superar o medo de entrar em lugares desconhecidos.

O medo de voar atinge homens e mulheres igualmente. Em uma pesquisa de 1995 do Instituto de Demoscopia de Allensbach (Alemanha), mais
de um terço dos pesquisados revelaram que sofriam de medo de voar, ainda
que em diferentes intensidades. A maioria das vítimas está na faixa etária
de 31 a 40 anos. Supõe-se que a sobrecarga geral de stress é maior entre
eles. Mas também pessoas mais velhas, jovens e crianças sofrem desse tipo
de fobia.

### Medo de voar em crianças

O avião tornou-se um meio de transporte de massa, que cada vez
mais famílias utilizam. Também as crianças se deparam desde cedo com
viagens de avião. Atualmente, a tendência para se ter medo varia de criança para criança. Muitas crianças entram alegres e cheias de curiosidade no

avião porque ainda não aprenderam a ter medo. Todavia, há crianças que desenvolvem um medo antes de voar – nessas situações a postura dos pais tem um papel importante. As crianças observam com atenção as reações dos pais e seu modo de se comportar. Se o pai e/ou mãe evitam viajar de avião, ou têm uma reação de medo, essa postura pode ser transferida para o filho. Recomenda-se que esses pais tenham uma conversa franca com seus filhos, admitindo seu problema e buscando junto com eles uma solução. Os pais podem atuar como modelo se passarem para os filhos como lidar com o medo. Entretanto, muitas crianças, mesmo sem a influência dos pais, têm tendência a desenvolver o medo.

Para entender melhor o medo de voar e poder superá-lo, o fenômeno medo deve ser examinado a fundo, como se segue.

## AS DUAS FACES DO MEDO

O medo é algo muito natural. Como a dor, ele tem, sob o ponto de vista da evolução genética, uma função de sobrevivência e proteção. Em milésimos de segundos, ele prepara o organismo para lidar com uma ameaça. Desde os primórdios da humanidade, ele se serve de diversas reações,

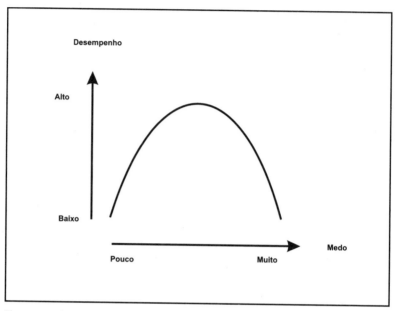

Ilustração 1 – Relação entre desempenho e medo.
O melhor desempenho é alcançado no nível médio de medo.

como o espírito de luta, a vontade de fugir ou a sensação de tarefa cumprida.

Devido a uma ou mais experiências desagradáveis, as reações de fuga ou de esquiva podem levar a uma situação de medo desmedido. Além disso, conta muito se uma pessoa aprendeu em sua infância a lidar com situações difíceis de um modo agressivo ou defensivo, visto que estratégias defensivas favorecem a formação de medos duradouros. Por fim, um ambiente superprotetor acentua ainda mais esses medos. O pesquisador da matéria Eugene E. Levitt diz: "O medo tem uma cabeça de *Janus* (deus romano com duas faces). Ele pode estimular a pessoa ao auto-aperfeiçoamento, a um desempenho melhor ou capacidade/habilidade, ou pode prejudicar muito sua vida e a de seu meio. Devemos aprender a utilizá-lo positivamente, para ser seu senhor e não seu escravo".

No cotidiano, encontram-se freqüentemente essas situações ambivalentes. Muitos atores ou atletas são motivados de maneira positiva pelo nervosismo. Por outro lado, encontramos na vida muitos estudantes e universitários que estudaram muito para uma prova, mas que não foram aprovados por terem sofrido de um bloqueio de medo.

## OS COMPONENTES DO MEDO

Todo medo apresenta três componentes:

### O COMPONENTE MENTAL E EMOCIONAL

Os pensamentos e os sentimentos de pessoas medrosas são distorcidos negativamente. Os atingidos pelo medo temem danos corporais ou mentais, tendem a exagerar, criam cenários de catástrofes e se desencorajam. Sensação de fraqueza e impotência são as conseqüências.

### O COMPONENTE FÍSICO

O medo ativa muitas funções do corpo. Por exemplo: a respiração e a pulsação aceleram, os músculos se contraem, na barriga espalha-se uma sensação de fraqueza, a boca fica seca. Começamos a suar e sentimos de repente necessidade de urinar ou evacuar.

### O COMPONENTE COMPORTAMENTAL

Ao lado das reações mencionadas de luta, fuga e de esquiva, observamos alterações sobretudo no gestual e no modo de falar.

Todos os três componentes mantêm uma relação de reciprocidade. Ao viajar de avião, eles podem oscilar tanto que não se tem mais controle sobre o sistema de alarme do medo. Assim, ocorre a transição de uma reação de medo normal para uma reação de medo doentio. No caso de Günther Krause, a reação de medo normal transformou-se, em virtude de um imprevisto ocorrido quatro anos antes (a aterrissagem), em um medo patológico. Como o avião só conseguiu aterrissar com segurança na terceira tentativa, ele avaliou esse acontecimento subjetivamente como um perigo, até mesmo como um perigo de vida. Ele foi acometido inconscientemente por um erro de pensamento. Isso se explica em função de seu desconhecimento: a manobra de arremetida de aviões é um procedimento muito comum e seguro em determinadas circunstâncias. No final, ele chegou, contrariando seus temores, são e salvo ao aeroporto de destino. Apesar disso, caiu em outro erro de pensamento: passou a acreditar que daí para a frente todos seus vôos transcorreriam sob as mesmas condições.

Os pensamentos de Günther Krause influenciaram também suas emoções. Ele sofre de um desequilíbrio interior pouco antes de entrar no avião. Sua confiança na técnica de vôo desapareceu desde então. Dúvidas sobre si mesmo o corroem, e sua auto-imagem está abalada, tendo em vista que ele se sente corajoso em outras situações. Essas dúvidas sobre si mesmo são alimentadas por suas reações físicas, que foram deflagradas sem que ele percebesse. Ele daria tudo para não viajar de avião, mas não pode perder a moral na sua empresa e perante seus amigos. Ele tenta dominar seu conflito com o álcool antes e durante o vôo. Ele se tornou um escravo da aviofobia. Mas, como já foi mencionado anteriormente, ele não está sozinho com seu medo de voar. Há muitas pessoas nessa mesma situação, pelas mais diversas razões.

## AS CAUSAS DO MEDO DE VOAR

### O AVIÃO COMO OBJETO DO MEDO

A simples visão de um avião já dá medo em muitos dos aviofóbicos. Tomemos como exemplo o Jumbo-Jet Boeing 747-400 pronto para decolar rumo ao outro lado do Atlântico com 380 passageiros e que pesa 350 toneladas. "Será que ele consegue pelo menos subir?", "Como é possível ele ficar no ar?", "O que pode acontecer se um ou dois motores, de uma vez só, falharem de repente?", "Como é que ele vai de Frankfurt até Los Angeles?". Estas são questões que sempre surgem. Impressionados com o tamanho externo, os aviofóbicos se sentem minúsculos. Além disso, os inúmeros barulhos, que são normais para um avião, chamam a atenção dos que têm medo de voar. "Será que isso é normal ?", "Agora um dos motores parou de funcionar!", "O que significam esses barulhos?". Estes e outros pensamentos passam pela cabeça deles. Limitados em sua liberdade de se movimentar, é difícil para muitos aceitar com calma mudanças de direção nas curvas que o avião faz.
(A esse respeito, ver página 59, *Registros de um comandante de avião*).

### O AR COMO MEIO AERODINÂMICO

Esse meio invisível esconde muitos males para aqueles que têm medo de voar. Nós não vemos nada, mas em compensação sentimos com maior intensidade as rápidas subidas e descidas quando há turbulências. Nuvens carregadas, das quais é preciso desviar; raios fulminantes, que de repente podem ser vistos pelas janelas da cabine; nevoeiro, no qual não se consegue ver nada e que dá a sensação de perda de orientação; e por fim a formação de gelo nas asas e nevascas aumentam o nível de excitação. O ser humano, que normalmente tem os pés no chão, não se sente à vontade em um estado de agregação na forma de gás. Tiraram o chão debaixo de seus pés e, no sentido mais verdadeiro da palavra, ele está no ar.

Decolagem de um Boeing 747-400

## O SER HUMANO COMO FATOR SUBJETIVO

Cada um de nós tem uma história de aprendizagem própria. Por isso as pessoas podem ter diferentes reações em relação a um mesmo acontecimento. Também a tolerância das pessoas diante da sensação de medo varia, de modo que algumas lidam melhor com ele e outras pior. Dessa forma, um mesmo vôo pode amedrontar mais uma pessoa do que outra.

É claro que por detrás do medo de entrar num avião pode esconder-se um conflito pessoal mais profundo. Em um primeiro plano, o medo de voar surge como um problema sem solução. Assim, um processo de distanciamento dos pais, por exemplo, pode gerar de repente a fobia de viajar de avião de um estudante. Mas, principalmente, têm mais medo de voar aquelas pessoas que seguram com firmeza as rédeas de sua vida. Elas são obrigadas a soltá-las quando estão voando, têm de confiá-las a pilotos que não conhecem e aceitar uma técnica que não dominam, em virtude de sua complexidade. E isso leva a perguntas e afirmações do gênero: "Será que o comandante está fazendo tudo certo?", "Se eu ficasse sentado ao lado do comandante, isso poderia me ajudar"; ou, olhando da janela: "As asas balançam tanto, que logo vão quebrar"; ou, em relação à altura do vôo de 11 mil metros: "O que aconteceria se todas os motores falhassem de uma vez e nós caíssemos?".

## COMO O MEDO SE MANIFESTA

O medo de voar se manifesta nos atingindo física, mental e emocionalmente e também através de seu comportamento. (Ver a respeito também, na página 15, *Os componentes do medo*).

No centro da vivência, na maior parte das vezes, há uma série de sensações físicas desagradáveis. O medo aciona uma reação de stress no corpo. Como nos primórdios da humanidade, o organismo é colocado em alerta máximo para poder reagir rapidamente a qualquer perigo: seja através de uma fuga ou de um confronto. Ambas as formas de reação prestaram, durante milênios, bons serviços aos homens e os ajudaram a sobreviver. Mas esse tipo de ameaça mudou profundamente. Não lutamos contra ursos selvagens. E nem as catástrofes da natureza são comuns. Muitos consideram tomar um avião, por exemplo, como uma ameaça. Fuga ou confronto não ajudam quando se trata de medo de voar. Para muitos o sonho de voar transforma-se em um pesadelo.

Observe mais de perto o passageiro que pensa na queda do avião quando há turbulência. O que acontece com seu corpo? Sua respiração fica acelerada e mais profunda. Sua pulsação aumenta em até 40 batidas por minuto, todos seus músculos se contraem e ele começa a tremer. Tudo isso é acompanhado por um acesso de suor. Como é que se chega a essas alterações físicas tão desagradáveis?

Tendo em vista que o medo de voar faz com que as turbulências sejam avaliadas como um perigo, o hipotálamo põe o corpo todo em alerta. O sistema nervoso vegetativo, que é controlado por funções do corpo independentes da vontade, reage: ele tem que preparar o organismo para a fuga ou o confronto. Nessa tarefa, ele conta com o auxílio de hormônios, como a adrenalina. O passageiro, entretanto, luta em vão contra as turbulências, tal como Dom Quixote contra os moinhos de vento. Embora seu corpo esteja totalmente preparado para evitar um perigo, ele não pode fazer nada. Um milênio de princípios de sobrevivência perdeu seu sentido no avião. A energia colocada à disposição não é solicitada, de modo que isso provoca uma sensação de inquietação interior.

Essa inquietação pode ser ainda mais acentuada com um pensamento negativo. Pensamentos negativos no nosso caso são, por exemplo: "As asas vão se quebrar", " Eu não consigo agüentar mais", "Por que essas coisas sempre acontecem comigo?", "Por que eu fiz isso comigo?" etc. Tais pensamentos aumentam, naturalmente, a excitação física ainda mais. Por que as pessoas pensam assim ou de maneira parecida? Principalmente porque a percepção da realidade em nossos pensamentos é distorcida pelas experiências. Experiências negativas seguidas provocam uma generalização. As reportagens sensacionalistas e excitantes dos meios de comunicação estimulam-nos a imaginar sempre o pior, ou seja, a queda e a morte. Muitos daqueles que sofrem de fobia de voar relatam que sua fantasia ativa passa por eles e delineiam as piores imagens de catástrofes. A fantasia é muito útil, quando está a serviço da criatividade. Mas, se ela se torna uma fonte de pensamentos negativos contínuos, então ela é, na acepção mais verdadeira da palavra, um tormento. Essas fantasias têm a ver com o fato de que em quase nenhuma outra situação da vida tem-se que confiar em pessoas que não conhecemos, isto é, pilotos, e numa técnica não palpável.

No âmbito do comportamento, vêem-se naqueles que têm medo de voar as versões modernas de luta e fuga na forma da agressividade e do esforço para anestesiá-lo. Queixas do serviço de bordo, reclamações das refeições ruins ou da aterrissagem difícil são indícios não raramente ocultos de excitação em virtude do medo. A "necessidade" de beber a bordo ou

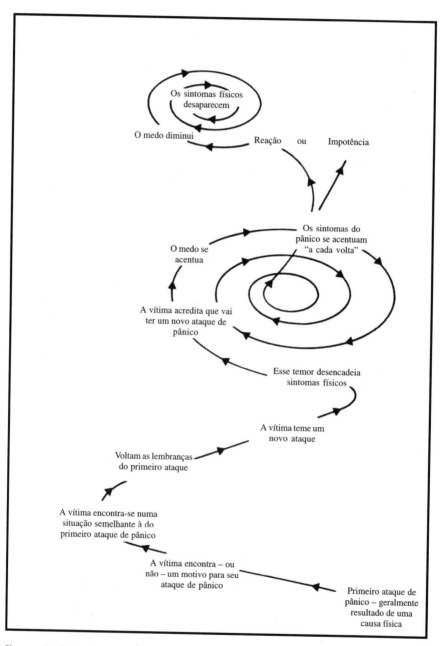

Ilustração 2. O círculo vicioso do medo (extraído de: Sue Breton, *Angst als Krankheit*, TRIAS, 1991)

tomar calmantes também é um indicativo do medo. Muitos gastam uma energia enorme tentando esconder atrás de uma fachada de impassibilidade aparente seu medo de voar. Porém, se olharmos bem, descobriremos que eles estão lendo seu jornal de cabeça para baixo. Agindo assim, só estão aumentando ainda mais seu stress.

Se cedermos aos medos, como o de viajar de avião, freqüentemente e por muito tempo, estaremos sujeitos a sentir o perigo como uma sensação física. A reação de medo pode ser transposta para situações semelhantes. Estamos falando de socializações. Geralmente, estão vinculados ao medo de voar outros medos, como de lugares fechados e apertados, elevadores, teleféricos, túneis e montanhas muito altas. Colocar um fim nessa sensação física de perigo assegura a obtenção de qualidade de vida ou sua melhoria. Por isso, vale a pena trabalhar o medo de voar. A experiência positiva de conseguir dominá-lo poderá ser a chave para resolver outros medos e situações de stress.

# SUPERANDO O MEDO

O medo é natural. Por isso, não queremos nos livrar totalmente desse sentimento muito útil, que faz parte da vida. A questão é muito mais reduzir o medo de voar a um nível suportável. Admitir o medo não significa terminar em pânico. Pode-se aprender a influenciar a experiência do medo, a controlá-lo até um certo ponto e a evitar seu processo de alimentação recíproca. Percebe-se, para nossa surpresa, que o medo que sobrou é absolutamente suportável e que não nos condena mais à fraqueza.

■ *"Aprende-se" a ter medo de voar, portanto pode-se também desaprendê-lo.*

Dominar o medo significa dar um passo adiante, deixar de lado a passividade e se tornar ativo. Podem se beneficiar das dicas oferecidas aqui aqueles que realmente as usarem. Você verá que não é fraco diante do medo, mas sim que pode ganhar competência ao lidar com ele. Procedimentos psicológicos comprovados vão ajudá-lo a atingir esse objetivo. Você aprenderá a lidar com o medo de voar de uma maneira diferente. Para conseguir dominá-lo, é necessário conhecer suas causas.

## RELAXAMENTO

### O MÉTODO JACOBSON

Começa-se dominando os sinais de medo corporais. Todo medo, como o medo de voar, caminha de mãos dadas com contrações musculares. São contrações musculares de todo o corpo, mesmo que só sejam sentidas em parte, e ainda assim somente quando a tensão contínua provoca dores. Dessa forma, tem-se dores de cabeça, dores musculares nos ombros, na nuca, nas costas. Só se percebem essas contrações tarde demais, depois que elas já se cristalizaram nessas partes do corpo, porque se perde a sensibilidade para contrações musculares.

O psicólogo americano Edmund Jacobson chegou a essa conclusão nos anos 20. Em suas pesquisas, ele encontrou uma relação, de um lado, entre a agitação corporal, a inquietação interior, estímulo, medo e, do outro, a contração muscular. Jacobson também pôde provar em suas pesquisas que com uma musculatura relaxada não era possível uma sensação de medo intensa. Relaxamento e medo não conseguem existir simultaneamente. A partir dessa constatação ele criou sua técnica de relaxamento, "o relaxamento progressivo", em que se consegue superar a tensão anterior. Por mais paradoxal que possa parecer, a tensão arbitrária de músculos, que sempre é possível, leva inegavelmente à diminuição do grau de tensão, ou seja, quando se solta a tensão. No momento em que contraímos conscientemente nossos músculos, passamos a dominar as reações do corpo, determinando que direção elas devem tomar.

Antes de iniciar os exercícios práticos, deve-se saber que os exercícios de relaxamento, de acordo com a técnica de Jacobson, podem ser feitos tanto deitado quanto sentado, ou seja, podem ser utilizados nas poltronas do avião.

Faça os exercícios da seguinte forma:
Contraia cada vez mais os diversos músculos durante 10 segundos. Mantenha a contração máxima dos músculos por 5 segundos, antes de soltá-los devagar. Você verá como aumenta sua sensibilidade para os diferentes graus de tensão de seus músculos. Você sentirá que, com o relaxamento corporal, vem em seguida um relaxamento mental.
Porém, durante os exercícios não contraia seus músculos a ponto de sentir dor!

## • Relaxamento dos braços

Coloque-se em uma posição o mais confortável possível, solte as tensões musculares dos braços e das pernas. Relaxe o máximo que puder. Feche o punho de sua **mão direita**. Aumente devagar, mas continuamente, a pressão. O punho vai ficar cada vez mais duro. Sinta a tensão em sua mão direita, no seu antebraço ... [*cinco segundos*] (Ilustração 3).

Agora relaxe. Afrouxe os dedos de sua mão direita e experimente a sensação agradável. Solte todas as tensões e sinta como o relaxamento está se espalhando por seu braço e pelo resto de seu corpo ... [*cerca de 20 segundos*].

Agora faça o mesmo com sua **mão esquerda**. Feche o punho de sua mão esquerda, enquanto deixa relaxado o resto de seu corpo. Aperte com mais força o punho e sinta a pressão ... [*cinco segundos*].

Ilustração 3

E agora relaxe. Sinta e aprecie a diferença ... [*cerca de 20 segundos*].

Feche **ambos os punhos**. Aumente a pressão. Os antebraços estão firmemente contraídos. Sinta a pressão ... [*cinco segundos*].

Dobre seus **cotovelos** e contraia os músculos da parte interna dos braços, os bíceps. Aumente a contração e preste atenção na sensação de contração ... [*cinco segundos*].

Solte novamente seus braços, relaxe e perceba a diferença ... [*cerca de 20 segundos*].

Vire suas mãos para cima de modo a mostrar as palmas. Pressione suas mãos e antebraços contra os braços da poltrona do passageiro. Sinta então a tensão nos tríceps na parte de trás dos **braços** ... [*cinco segundos*] (Ilustração 4).

E agora, relaxe novamente. O relaxamento espalha-se dos braços sobre os antebraços até as mãos e os dedos. Mesmo que você ache que seus braços estejam totalmente relaxados, tente soltá-los ainda mais. Os braços ficam mais pesados e quentes. Você continua a relaxar mais e mais... Até onde você quiser.

Se você quiser terminar o exercício, então dobre e estique seus braços para trás, até que você esteja bem desperto... [*no máximo cinco segundos*].

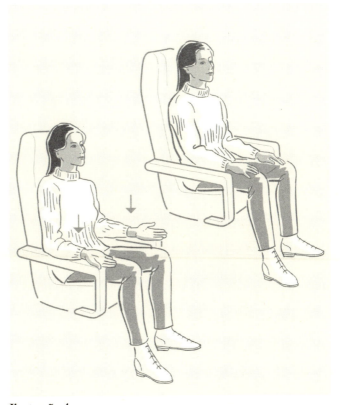

Ilustração 4

## • Relaxamento do rosto e dos ombros

Continue em sua postura tranqüila e confortável. Todos os seus músculos estão pesados e soltos.

Levante suas **sobrancelhas** e enrugue a **testa,** enrugue-a mais e mais forte e sinta a tensão ... [*cinco segundos*].

Relaxe suas sobrancelhas, seu couro cabeludo e os músculos de sua testa. Sinta como a pele de sua testa fica mais lisa, quanto mais você relaxa ... [*cerca de 20 segundos*].

Agora feche seus **olhos.** Aperte seus olhos, mas não a ponto de sentir dor com a pressão. Sinta a pressão ... [*cinco segundos*] e relaxe. Os olhos ficam entreabertos ... [*cerca de 20 segundos*].

Aperte os **dentes** e pressione seus maxilares, sinta a tensão na sua musculatura do maxilar ... [*cinco segundos*]. Relaxe seus maxilares e novamente aprecie o relaxamento ... [*cerca de 20 segundos*].

Pressione os **lábios** e sinta a tensão ... [*cinco segundos*].

Solte a tensão novamente. Veja como o relaxamento espalha-se por seu rosto. Seus lábios, maxilares, olhos e testa se soltam. O relaxamento continua se espalhando ... [*cerca de 20 segundos*].

Agora volte suas atenções para os **músculos de sua nuca.** Dobre sua cabeça para a frente, pressione o queixo contra o peito e preste atenção na tensão de sua nuca ... [*cinco segundos*].

Vire **sua cabeça** para o lado direito em um movimento circular e experimente a diferença na tensão ... [*cinco segundos*]. Agora vire a cabeça para o lado esquerdo e sinta como as sensações de tensão se modificam.

Por fim, deixe sua cabeça voltar para uma posição confortável. Sinta a sensação de bem-estar, deixe o relaxamento prosseguir ... [*cerca de 20 segundos*].

Agora levante bastante seus **ombros**, mantenha-os contraídos e sinta a tensão na omoplata ... [*cinco segundos*].

Deixe seus ombros voltarem à posição normal lentamente e observe como o relaxamento se espalha de seus ombros por sobre a parte superior de suas costas. Relaxe sua nuca e seu rosto e sinta como o relaxamento aumenta mais e mais...

Se você quiser encerrar o exercício, dobre e estique para trás seus braços, até se sentir bem desperto ... [*no máximo cinco segundos*].

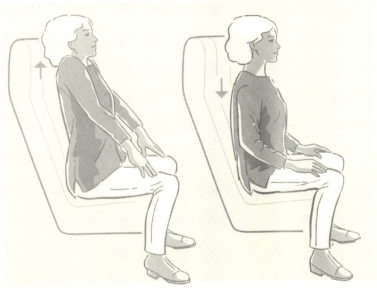

Ilustração 5

### • Relaxamento do abdômen

Fique numa posição confortável. Relaxe o máximo que puder. Sua respiração flui livre e levemente. Ao expirar, sinta como aumenta o grau de relaxamento.

Agora inspire profundamente, de modo que o abdômen e o peito fiquem estufados. Então prenda a respiração ... [*cinco segundos*] – e expire. Deixe soltos seu abdômen e seu tórax: o ar sai automaticamente. Aprecie o relaxamento ... [*cerca de 20 segundos*].

Mais uma vez: inspire profundamente, segure a respiração ... [*cinco segundos*] – e deixe sair novamente o ar. Sinta o alívio. Você está respirando solto e tranqüilo ... [*cerca de 20 segundos*].

Ilustração 6

Contraia agora os **músculos de seu abdômen**, puxando para dentro sua barriga. Contraia os músculos com firmeza e sinta essa pressão ... [*cinco segundos*].

Agora relaxe, solte seu abdômen ... [*cerca de 20 segundos*].

Contraia a **musculatura de seu abdômen** empurrando sua barriga para fora. Deixe os músculos do abdômen bem firmes e duros ... [*cinco segundos*] e relaxe os músculos. Sinta a diferença entre a contração e o relaxamento ... [*cerca de 20 segundos*].

Mais uma vez: contraia sua barriga. Sinta a tensão ... [*cinco segundos*].

Libere os músculos do abdômen completamente, deixe-se abandonar pela sensação de relaxamento ... [*cerca de 20 segundos*].

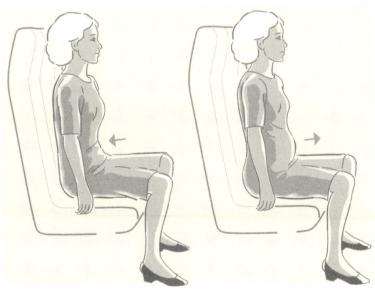

Ilustração 7

Concentre-se agora em suas **costas.** Estique os músculos de suas costas, puxando seus ombros para trás. Sinta a tensão nas costas. Aumente a tensão em suas costas e nos músculos de seus ombros ... [*cinco segundos*] e fique novamente em uma posição confortável. Solte-se. Sinta a diferença entre a tensão e o relaxamento. Deixe essa sensação de bem-estar se espalhar ... [*cerca de 20 segundos*].

Se você quiser encerrar o exercício, dobre e estique para trás seus braços, até que se sinta bem desperto ... [*no máximo cinco segundos*].

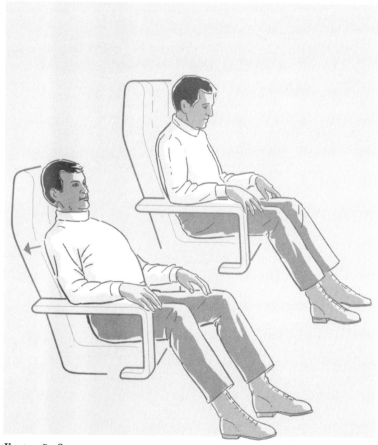

Ilustração 8

## • Relaxamento das pernas e do corpo inteiro

Fique relaxado e aprecie a paz interior ... [*cerca de 20 segundos*].

Pressione os calcanhares no chão e sinta a tensão em seus **glúteos** e em sua **musculatura das coxas**. Aumente a tensão ... [*cinco segundos*] e solte seus glúteos e os músculos de suas coxas. Sinta a diferença entre a tensão e o relaxamento e deixe que o relaxamento se espalhe ... [*cerca de 20 segundos*].

Pressione seus pés e dedos para baixo, na direção do chão, de modo que a **musculatura da barriga da perna** fique contraída. Sinta a tensão ... [*cinco segundos*] e relaxe seus pés e barriga da perna. Sinta como a tensão diminui ... [*cerca de 20 segundos*].

Agora dobre seus pés e dedos para cima, em direção a seu rosto e sinta a tensão em suas **canelas** ... [*cinco segundos*]. Relaxe novamente. Relaxe seus pés, seus joelhos, todos os músculos da perna, os glúteos, os quadris. Sinta o peso da parte inferior de seu corpo, enquanto o relaxamento se espalha ... [*cerca de 20 segundos*].

Estenda o relaxamento sobre seu abdômen – e sobre sua espinha. Sinta o relaxamento: ele se expande sobre suas costas, seu peito, seus ombros e braços até as pontas dos dedos. Relaxe a nuca, os maxilares e os demais músculos do rosto. Sua respiração flui livre e tranqüilamente. Aprecie a calma ... [*20 segundos*].

Em um estado de relaxamento total, você resiste a movimentar qualquer músculo de seu corpo. Pense no grande esforço que teria que fazer, se você quisesse levantar seu braço direito... Verifique se ao ter esse pensamento surgiu qualquer tipo de tensão em seus ombros ou em seus braços ... Agora decida não levantar seu braço; permaneça relaxado, profunda e calmamente ... Se você quiser encerrar o exercício, dobre e estique para trás seus braços, até se sentir bem desperto.

### EXERCÍCIOS DE EMERGÊNCIA

Junto com os exercícios descritos, há os chamados "exercícios de emergência", que, em poucos minutos, levam a um total relaxamento e que, por isso, são especialmente apropriados para a sala de espera do aeroporto e para dentro do avião. Para começar, contraia o maior número de músculos possível, mantenha a tensão por alguns segundo e relaxe.

### 1. A couraça de músculos

Dobre suas costas e sua cabeça para a frente, formando um semicírculo. Pressione o queixo contra o peito. Contraia a totalidade da musculatura do rosto. Pressione, com os ombros levantados, os antebraços contra os braços. Feche os dois punhos. Deixe dura a sua barriga. Contraia os músculos dos glúteos. Pressione os tornozelos contra o chão. Mantenha-se contraído por cinco segundos – depois relaxe.

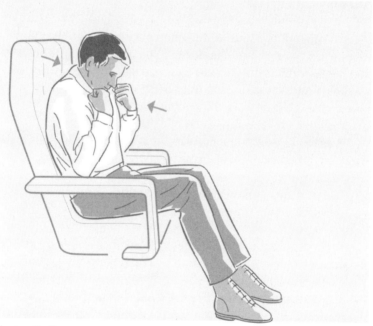

Ilustração 9

## 2. Exercício de alongamento sentado (na poltrona)

Coloque seus braços acima de sua cabeça, segurando o encosto de cabeça dos dois lados, esquerdo e direito. Puxe o encosto em sua direção. Alongue ao mesmo tempo suas pernas, apontando os dedos dos pés para baixo. Contraia toda a musculatura dos glúteos. Mantenha-se contraído por cinco segundos – e relaxe.

Ilustração 10

## Respiração correta

O medo provoca no corpo uma reação de stress, que leva a um aumento do desempenho físico. Nesse processo, a respiração torna-se mais rápida e profunda, para suprir a musculatura com a quantidade suficiente de oxigênio e livrar-se do dióxido de carbono. Isso funciona bem quando fazemos movimentos corporais. Todavia, como os músculos não são exigidos no avião, pouco dióxido de carbono é produzido.

A respiração forte e rápida em virtude da excitação em excesso (**hiperventilação**) causa a presença excessiva de oxigênio e a falta de dióxido de carbono. O sangue está preparado para levar sempre consigo dióxido de carbono. O dióxido de carbono que deve ser expirado é transportado no sangue por partículas de albumina. Se o dióxido de carbono desaparecer, o cálcio fica armazenado na albumina. O cálcio tem uma importante função no sangue, que é manter as articulações lubrificadas. Uma quantidade livre de cálcio no sangue aumenta a predisposição de cãibra na musculatura.

O excesso de oxidação do sangue leva a um formigamento em volta dos lábios e da boca. Depois, as mãos e os pés começam a formigar, e os dedos ficam contraídos. Pressão e sensação de aperto aparecem no peito e no pescoço. Pela modificação da concentração de dióxido de carbono, a irrigação cerebral diminui, o que produz vertigens, tonturas e leva a vista a ficar escura. Esses fenômenos físicos são vivenciados de um modo extremamente incômodo e funcionam geralmente como detonadores de medos cada vez mais repetitivos.

Para reequilibrar o sangue, você deve respirar lenta e calmamente com o abdômen, e não com o peito. Demore duas vezes mais para expirar do que para inspirar. Se os sintomas de hiperventilação forem muito fortes, é bom manter um saquinho plástico na frente da boca e do nariz e inspirar novamente e bem devagar o dióxido de carbono expirado. Dessa forma, aumentando o nível de dióxido de carbono no sangue, tem-se novamente cálcio livre e os músculos ficam mais lubrificados.

Com uma técnica de respiração simples você consegue acabar com esses sintomas físicos desagradáveis. Muito oportuna é a técnica de **respiração pelo diafragma**: inspire pelo nariz profundamente até encher todo o pulmão. Nesse movimento, o diafragma abaixa, aumentando o espaço para os órgãos que ficam embaixo dele. A barriga fica estufada. Ao expirar, deixe o ar passar pela boca entreaberta e a barriga encolherá novamente.

Para conseguir fazer esse tipo de respiração em situações de stress, utilize a **técnica OM**: inspire normalmente, e deixe o ar sair primeiramente pela boca aberta, formando um **O** com seus lábios. Quando você notar que a corrente de ar ficou mais fraca, mude a posição de seus lábios formando um **M,** até que o ar se acabe. Por fim, inspire novamente, e você vai notar como está usando naturalmente o diafragma.

■ *Respirar bem ajuda a relaxar: demore o dobro do tempo para expirar do que para inspirar.*

## CONHECIMENTO QUE TRANQÜILIZA

Para avaliar mais realisticamente o que ocorre durante o vôo, você precisa antes de mais nada se informar. Saber não é tudo, é claro, mas ajuda bastante. Quando se obtém informações sobre o avião e a técnica de vôo, o estímulo ao medo perde seu sentido. Tomemos como exemplo a afirmação de alguém que tenha medo de viajar de avião a respeito dos diversos ruídos dos motores. Se um comandante lhe explicasse que para cada tipo de operação de vôo exige-se um esforço diferente dos motores e que, por isso, os ruídos emitidos por eles também se alteram, certamente desapareceriam seus temores de que o avião possa cair. O mesmo se aplica para as asas. Sempre se ouve de pessoas que têm medo de voar que "as asas balançam tanto que ameaçam quebrar."

Se essas pessoas soubessem que essa vibração é prevista no projeto do avião justamente para evitar que as asas se quebrem, também esse temor perderia sua força. As asas de um Boeing 747, por exemplo, medindo-se a partir da posição de repouso, podem dobrar até 8 metros para cima e 4 metros para baixo, antes que haja teoricamente algum perigo. Todavia, tal curva para cima ou para baixo, mesmo com as maiores turbulências, não ocorre.

Ou tomemos como exemplo os assim chamados "vácuos", que para um passageiro estariam associados a quedas de altura repentinas ou, ao contrário, com uma subida súbita. O conhecimento de que esses vácuos não existem, mas que se tratam de fortes turbulências, contribuiria muito para a diminuição do medo, do mesmo modo que saber que os aviões são construídos levando-se em consideração esses esforços. A elasticidade do material do avião tem de ser comprovada em testes rígidos pelo fabricante.

O simples pensamento de que o avião está a 11 mil metros de altitude e de que entre ele e o solo não há nada, pelo menos aparentemente, leva muitas pessoas a se sentirem angustiadas. Elas não sabem que, justamente nessas altitudes, o avião está voando com as melhores condições aerodinâmicas.

A partir da página 59, um comandante que é responsável pela formação de pilotos passará informações sobre a técnica de vôo.

## TRANSFORMANDO PENSAMENTOS NEGATIVOS EM POSITIVOS

Como se viu, dificulta-se a própria vida com os pensamentos negativos. Tais pensamentos e a ansiedade vinculada ao medo influenciam-se mutuamente, de modo que se cai cada vez mais profundamente na esteira do medo. Todavia, há vários modos de se libertar desse padrão de pensamento. Se for possível corrigir a distorção do pensamento, o medo deixará então de assustar. "Não é o medo que me assusta, eu mesmo é que me amedronto."

Em seu livro *Anleitung zum Unglücklichsein* ("Guia para ser infeliz"), o cientista da comunicação alemão Paul Watzlawick narra a seguinte história: um homem quer pendurar um quadro na parede. Ele tem um prego, mas não um martelo. O vizinho tem um. Então ele decide ir até lá e pedir o martelo emprestado. Só que, de repente, ele é assaltado pelo medo de que seu vizinho não irá querer lhe emprestar o martelo, ainda mais porque no dia anterior ele o teria cumprimentado muito rapidamente. O fato de que naquele dia seu vizinho poderia estar com pressa nem lhe passa pelo pensamento. Pelo contrário, ele fica com a idéia fixa de que o vizinho teria alguma coisa contra ele. Sua fantasia acaba influenciando seu comportamento, de modo que ele toca a campainha do vizinho para gritar: "Pode ficar com seu martelo, seu sem-educação!"

O homem da história de Watzlawick comete o mesmo erro decisivo daqueles que têm medo de voar: ambos tinham uma expectativa negativa com relação aos acontecimentos e, conseqüentemente, se comportaram de acordo com ela. Essas pessoas pensam de um modo que exclui qualquer alternativa positiva. Mas, como se sabe, todas as coisas têm dois lados.

Ilustração 11 – Todas as coisas têm dois lados.
O que você vê primeiro, dois rostos ou um vaso?

Para os que querem superar o medo, já é mais do que hora de ele se abrir para descobrir o "outro lado". Nada é favorável a que ele continue com seu medo habitual e que já é seu conhecido, mas tudo é a favor de que ele se abra para uma visão mais realista. Aqui vale o lema: por que não experimentar alguma coisa diferente?

# Voando sem stress

**Troque seus pensamentos negativos e amedrontadores por pensamentos positivos:**

## É negativo

- se você ficar imaginando o pior. A maioria dos acidentes aéreos ocorre na fantasia e não na realidade;

- se você se desencorajar, desmerecendo sua capacidade. Ficar no avião, preso no assento pelo cinto de segurança, quase sem movimento, leva freqüentemente a sentimentos de fraqueza e impotência;

- se você disser de antemão: "Eu vou ter medo outra vez." Desse jeito você não estará se dando chance para que aconteça outra coisa, senão aquilo que você mesmo profetizou;

- se você generalizar devido a experiências negativas anteriores: "Comigo sempre foi assim."

## É positivo

- se você imaginar o transcurso normal do vôo, tendo em mente que tudo está sendo feito para garantir a maior segurança (ver página 59);

- se você se encorajar, através de sua força e capacidade, a cuidar de seu bem-estar, fazendo, por exemplo, os exercícios de relaxamento;

- se você disser de antemão: "Eu não preciso ter medo." Essa auto-sugestão positiva leva a uma postura mais relaxada;

- se você deixar claro para si mesmo que o vôo iminente não tem nenhuma ligação com suas experiências anteriores, mas que, pelo contrário, lhe dará oportunidade de vivenciar uma nova experiência.

## PARADA DE PENSAMENTO

Agora será dada uma ajuda para aqueles que têm medo de voar e são castigados antes ou durante o vôo por toda um seqüência de pensamentos negativos, que faz com que se sintam desamparados. Ao invés de se deixar levar (contra a própria vontade) por essa cadeia de pensamentos, deve-se interromper ativamente esse processo progressivo. O método da parada de pensamento é um meio de dominar o medo durante um certo período e, assim, vencer um vôo de mais horas. Supondo que um passageiro no momento de maior agitação seja tomado por pensamentos negativos, que já se cristalizaram em sua mente, aconselha-se a utilizar esse método para controlar sua agitação e obter um certo alívio. Para você também ter êxito, deve treinar esse procedimento antes.

Primeiramente, pense quando estiver em casa que tipo de pensamentos e idéias você quer interromper ou exterminar. Feche os olhos e concentre-se nesses pensamentos e idéias. Chame os pensamentos indesejáveis e grite "pare!" Esse "pare!" deve ter um caráter de comando e também deve ser sentido fisicamente, dando um beliscão no braço ou dando um pulo, como que contraindo o corpo. Mais tarde, já basta só imaginar que está gritando a ordem "pare!". Exercite esse procedimento em casa pelo menos duas vezes por dia, de cinco a dez minutos, e, evidentemente, sempre que surgir o pensamento indesejável. Especialmente no início, é possível que o pensamento seja afastado – interrupção do pensamento. O pensamento indesejável pode aparecer no começo com maior freqüência, mas, depois de muitos exercícios, não vai torturá-lo mais.

Essa pausa obtida através da interrupção poderá ser utilizada para chamar pensamentos de ajuda. Assim, você conseguirá dirigir sua imaginação para uma situação incompatível com o medo e, dessa forma, poderá deixar sua fantasia correr solta de um modo produtivo e não destrutivo. Também a concentração, depois do sinal de "pare!" no relaxamento, diminui o medo, uma vez que o relaxamento é incompatível com o pensamento indesejado e com o medo a ele associado.

## DEIXANDO O PENSAMENTO CHEGAR ATÉ O FIM

O procedimento apresentado anteriormente de "parada de pensamento" é um meio de auxiliar em situações de ansiedade por medo em seu grau máximo. Porém, não é uma solução satisfatória a longo prazo. Geralmente, para esses casos só adianta deixar o pensamento fluir. O psicoterapeuta Victor Frankl introduziu nesse contexto o conceito de "intenção-paradoxo". Ele defendia a tese de que conseguimos nos libertar com mais facilidade de pensamentos indesejáveis (também sentimentos ou comportamentos) quando os deixamos fluir livremente.

O conceito, pelo qual pensamentos indesejáveis podem ser úteis, é um tanto quanto confuso à primeira vista. Muitos dos que sofrem de fobia de avião têm medo de prestar atenção em pensamentos indesejáveis. No entanto, depois de uma fase curta de alta tensão, passa-se para uma situação de relaxamento relativo. Se você se colocar diante de pensamentos negativos, poderá ficar sabendo mais sobre eles, de modo que não se sentirá mais aprisionado pelos mesmos. Talvez você se acostume e, com o tempo, eles acabem se tornando entediantes. Se você conseguir se superar e deixar fluir os pensamentos que você quer evitar ao máximo, você verá que pode lidar com os pensamentos, e o medo que sente vai diminuir.

Apresentamos um exemplo que explica o método do "deixando o pensamento chegar até o fim". Feche os olhos e concentre-se na seguinte tarefa: durante dois minutos **não** fique imaginando dois ursos brancos! Você vai notar que, mais cedo ou mais tarde, durante esses dois minutos, você só vai ver os dois ursos brancos. Isso acontece porque, a partir do momento em que tentamos não deixar fluir certos pensamentos, aí é que eles passam a nos importunar mais. Então, para que desperdiçar nossa energia tentando suprimi-los de nossas mentes, se nós, de qualquer maneira, não conseguiremos fazê-lo? Pelo contrário, devemos deixar fluir esses pensamentos aflitivos até o fim. Fazendo isso, vê-se que as imagens de terror passam a não mais assustar. Voar induz, mais do que qualquer outro acontecimento, ao medo primitivo de morrer. Ao viajar de avião, toma-se conhecimento, de imediato, da limitação da vida. Se os pensamentos de medo concreto do avião forem levados até o fim, será necessário lidar com esse medo primitivo. Se essa experiência for tentada, será constatado que esses pensamentos reprimidos da morte perdem muito de seu poder de assustar. Então vai se viver com mais liberdade e sem opressão.

*"Parada de pensamento"* e *"deixando o pensamento chegar até o fim"* podem ser entendidos como procedimentos complementares. O último não é adequado durante o vôo, mas sim antes ou depois do próximo vôo. Além disso, existe um pressuposto muito importante para se poder adotar esse procedimento "paradoxal", que é a disponibilidade de agüentar a ansiedade psíquica e física vinculada com o deixar fluir o pensamento.

## DOMINANDO O MEDO ANTES DO VÔO E A BORDO

Deve-se dominar o medo já antes do vôo. Levando-se em consideração as medidas a seguir, pode-se constatar que a ansiedade diminui ou que pelo menos não aumenta tanto.

Guichê do *check-in* para recepção de passagens e bagagem

Chegue com antecedência no aeroporto no dia da viagem, evitando assim o stress. Dê um passeio pelo aeroporto depois de fazer o *check-in*.

Não tome café nem álcool antes do vôo. Essas bebidas aumentam a ansiedade sem necessidade.

Distraia-se com leituras interessantes e jogos.

Inicie um diálogo com os outros passageiros.

Substitua os pensamentos negativos que vierem à tona por positivos.

Informe aos comissários logo durante o embarque que você faz parte do grande grupo de pessoas que têm medo de viajar de avião. Demonstre seu interesse, por exemplo, em visitar a cabine de comando.

Se acontecer qualquer coisa fora do normal durante o vôo, não hesite em chamar os comissários para pedir explicações.

Aos primeiros sinais de medo, utilize as técnicas de respiração e relaxamento descritas anteriormente.

Aproveite o programa de bordo para se distrair.

## ENFRENTAMENTO EM VEZ DE ESQUIVA

A experiência mostra que os aviofóbicos evitam ao máximo viajar de avião. Esse comportamento, embora compreensível, não leva à solução do conflito. Por um lado, suas vidas ficam limitadas. Por outro, perdem a chance de ter uma experiência positiva, que vai contribuir para que passem a viajar de avião mais relaxados.

Um gênio muito conhecido sofria de um medo enorme, que também atormenta muitos aviofóbicos. Ele conseguia se superar ao se defrontar conscientemente com situações que o deixavam em pânico. Naquele tempo, ele escalou a torre de uma catedral. Se fosse hoje em dia, em nossa era de progresso tecnológico, ele provavelmente teria procurado o aeroporto de Frankfurt.

Esse gênio de quem estamos falando é Johann Wolfgang von Goethe, que conseguiu curar sua fobia através do enfrentamento. Ele se expunha em grau máximo ao estímulo (altura) que deflagrava seu medo. A terapia comportamental denomina como *flooding* (terapia por inundação de estímulos) esse procedimento, que é utilizado no tratamento de todos os tipos de fobia. O fóbico deve suportar a situação deflagradora do medo até que este diminua e ele sinta que a fobia é infundada e que não há nenhum perigo. A situação é avaliada de uma nova maneira. No futuro, a mesma situação não vai mais deflagrar o medo e, assim, o fóbico não precisará mais evitá-lo.

Um método semelhante é a **dessensibilização sistemática**. O fóbico vai se acostumando gradualmente à situação que dispara o medo, ao se confrontar mais e mais intensamente com ela. A vítima tem que agüentar esses enfrentamentos até o medo desaparecer. Para ajudá-la nessa tarefa, há o exercício de relaxamento, que ela deve fazer logo que se encontrar na situação de medo. Nesse processo, a vítima vai aprender que medo e relaxamento não existem simultaneamente: quem está relaxado não tem medo.

*Flooding* e dessensibilização pressupõem uma resistência física e psíquica. Tendo em vista que podem vir à tona reações fisiológicas violentas, é aconselhável um exame médico prévio. Experiências demonstram que o grau de ansiedade só diminui de duas a duas horas e meia após o enfrentamento.

Talvez você se arrisque – armado com esse conhecimento – a entrar de um jeito novo no avião, sozinho ou com o apoio de um terapeuta, como no caso de Ulrike. Ela conseguiu perder sua fobia de avião de anos em um só dia:

*Desde o primeiro vôo de Ulrike, há doze anos, só de pensar em viajar de avião ela fica angustiada. Não só a técnica desconhecida e seus ruídos misteriosos a amedrontam, mas também o fato de ter que ficar fechada na cabine do avião a deixa em pânico. O que para outras pessoas é motivo de alegria antecipada pela viagem, para Ulrike significa uma série de noites sem dormir. Com um apoio psicológico, ela quer aprender a lidar com esse medo. Ela resolve fazer, sem maiores preparativos, um vôo de longa distância de Frankfurt para Los Angeles, submetendo-se a uma verdadeira terapia de choque. Ulrike enfrenta os estímulos de medo mais acentuados (flooding) e aprende com a experiência a lidar com ele. Entretanto, ela já havia se assegurado com seu médico de que estaria em condições de suportar fisicamente situações de medo extremo.*

*O vôo de Frankfurt até Los Angeles dura cerca de onze horas. Um psicólogo a acompanha. Ela manifesta a ele seus temores e fala sobre as idéias (fantasias) de catástrofes que a assaltam. Desse modo, ela consegue manter seu medo em níveis suportáveis e, com isso, cria melhores condições para ter uma experiência de viajar de avião nova e positiva.*

*Verificam-se, na primeira fase do vôo, sinais nítidos de uma grande ansiedade física em Ulrike. O nível da ansiedade pode ser medido com determinados aparelhos. Depois de duas horas, normaliza-se o estado e ele não se altera mais, sob o ponto de vista objetivo, até a chegada ao destino. Do ponto de vista subjetivo, ela se sente cada vez melhor. Um pouco antes da aterrissagem, ela adormece. O vôo vale a pena, porque a partir de agora todas as portas do mundo se abriram para ela. E isso significa que é consideravelmente maior a quantidade de lugares que ela pode agora visitar do que quando só viajava de automóvel.*

É claro que nem todas as vítimas do medo de voar podem se submeter a tal terapia de choque ou podem levar um psicólogo como acompanhante. Mas partir para uma viagem de avião bem preparado e fazendo uso, se necessário, das diversas estratégias para combater o medo ensinadas, também possibilita viajar relaxado e sem medo.

Como você deve saber, os pilotos utilizam uma série de *checklists*, para se assegurar de que não esqueceram nada. Nós lhe daremos, igualmente, nas páginas seguintes um *checklist* – com os métodos mais importantes e eficazes para o controle do medo.

# CHECKLIST PARA AÇÕES EM CASO DE CRISE

Este *checklist* divide as ações envolvidas numa viagem de avião em pequenos passos isolados e oferece auxílio para cada um desses passos e, mais precisamente, para todos os componentes do medo (ver página 15). Dessa forma, o vôo, que freqüentemente lhe parece uma montanha intransponível, passa a ser acessível. Ao seguir passo a passo, você se aproxima de seu objetivo de superar o medo de voar, conseguindo, talvez, aproveitar com descontração o vôo. A partir da página 51, você mesmo terá a possibilidade de fazer seu plano pessoal para suplantar o medo de voar.

### • Situação e estado anímico
Você decidiu tomar o avião e por isso percebe como aumenta seu grau de ansiedade.

*Pensamento:*
É muito bom você ter decidido andar de avião, porque assim estará se dando oportunidade de ter uma nova experiência.

*Físico:*
Com o auxílio de técnicas de relaxamento você pode diminuir o grau de excitação. Para esse fim é que existem os exercícios para emergências.

*Comportamento:*
Até chegar a data do vôo, aproveite todas as oportunidades que tiver para fazer exercícios físicos. Você pode, por exemplo, passear a pé, fazer *jogging*, andar de bicicleta ou nadar para regular seu nível de stress.

### • Situação e estado anímico
Você sabe que vai viajar de avião amanhã e percebe como sua inquietude cresce.

*Pensamento:*
Tenha em mente que você já conseguiu superar outras situações difí-

ceis em sua vida. Lembre-se também que você está bem preparado.

*Físico:*
Pare com essas tentativas, que não servem para nada, de diminuir a ansiedade fumando ou tomando muito café, álcool ou tranqüilizantes. Ao invés disso, faça exercícios de relaxamento. Permita-se uma certa tranqüilidade antes do vôo.

*Comportamento:*
Planeje seu dia de modo a evitar, o máximo possível, stress desnecessário e assim não deixar crescer o grau de agitação.

### • Situação e estado anímico
Logo de manhã você já sente a ansiedade antes do vôo.

*Pensamento:*
Acalme-se pensando que essa agitação é normal e tente aceitá-la. Você sabe que pode fazer alguma coisa para evitar que a ansiedade aumente.

*Físico:*
Tome dez minutos de seu tempo para relaxar sistematicamente, contraindo músculo por músculo e depois os soltando.

*Comportamento:*
Mesmo que você tenha dificuldade, você deve tomar café-da-manhã. Escolha alimentos de digestão leve e que não sobrecarreguem seu corpo.

### • Situação e estado anímico
Você está sentado antes do vôo na sala de espera e está inquieto.

*Pensamento:*
Lembre-se que a cada meio minuto um avião decola e aterrissa com segurança. Fique pensando com prazer no lugar aonde você está indo.

*Físico:*
Faça exercícios de relaxamento, de preferência aqueles de emergência (ver página 31).

*Comportamento:*
Fique andando de um lado para o outro com um objetivo em mente, para se distrair e não ficar tenso.

### • Situação e estado anímico
Você está sentindo medo de lugares desconhecidos um pouco antes de embarcar e se sente desequilibrado.

*Pensamento:*
Ir para casa não adianta nada. A curto prazo você vai sentir um certo alívio, mas logo depois você vai ficar remoendo suas dúvidas interiores, e com raiva de si mesmo. Pense bem. Supere-se, porque você só irá para a frente se entrar no avião. O sentimento de fracasso absorve muito mais energia do que a entrada no avião.

*Físico:*
O mais importante é o controle da excitação física com qualquer tipo de relaxamento.

*Comportamento:*
Seja ativo. Mas, em vez de ir para casa, use a energia disponível para superar o medo. Tente se distrair, por exemplo, puxando conversa com o passageiro a seu lado.

### • Situação e estado anímico
Quando os motores do avião são ligados, sua ansiedade em função do medo aumenta.

*Pensamento:*
Confie nos pilotos e na técnica de vôo, porque você está bem informado sobre as medidas de segurança durante o vôo – assim, não se trata de confiança cega, mas consciente.

*Físico:*
Utilize conscientemente as técnicas de respiração. Demore duas vezes mais para expirar do que para inspirar, para ter controle sobre a respiração. Lembre-se da técnica OM (ver página 35) e a utilize.

*Comportamento:*
Tente se soltar.

## • Situação e estado anímico
É o momento da decolagem: a subida do avião o deixa inquieto.

*Pensamento:*
Você decola para uma "terceira dimensão". E o nosso corpo não foi feito para isso. Conseqüentemente, somos lembrados de tal fato por nossas reações corporais. Ou seja, não só os que têm medo de voar apresentam tais reações. Enquanto alguns vivenciam essa sensação como uma experiência agradável, porque têm um certo "prazer no medo", outros sentem a decolagem como algo extremamente desagradável.

*Físico:*
Aceite as reações corporais que surgirem como algo natural. Até um determinado grau você pode influir nelas, porque uma musculatura contraída o deixa desprotegido.

*Comportamento:*
Se você fizer parte do grupo daqueles que acham a decolagem desagradável, você pode diminuir consideravelmente sua tensão se utilizar de imediato a "couraça de músculos". Essa técnica de relaxamento que se pode utilizar rápido e com facilidade faz parte dos exercícios de emergência (ver página 32).

## • Situação e estado anímico
A 11 mil metros de altura você está se sentindo um pouco abafado.

*Pensamento:*
Tenha em mente que você já venceu a decolagem e a subida. Comemore seu sucesso parcial. Agora você se encontra em uma altura em

que o avião está em seu elemento. Porque é aqui que as condições aerodinâmicas são mais favoráveis. Não cortaram seu cordão umbilical com a Terra. Entre ela e o avião há um enorme colchão de ar!

*Comportamento:*
Depois de ter se assegurado de que está relaxado, aproveite as possibilidades de se movimentar no avião. Talvez você possa até mesmo pedir para visitar a cabine de comando.

### • Situação e estado anímico
Subitamente o avião fica instável, está atravessando turbulências. Há o perigo de você ter cãibras e sua ansiedade aumenta.

*Pensamento:*
Lembre-se de que as turbulências impressionam até aquelas pessoas com sangue frio que voam freqüentemente. As turbulências até podem ser desagradáveis mesmo, mas não são perigosas de jeito nenhum: o avião comprovou sua resistência nos mais rigorosos testes.

*Físico:*
Seu corpo reage no "mar de ar" como um navio que navega pelo oceano. Tente se adaptar ao movimento, acompanhando os movimentos do avião.

*Comportamento:*
Mesmo sentado, seja ativo. Adapte-se aos movimentos do avião. "Cavalgue" com as ondas das turbulências. Você não será mais um joguete das condições atmosféricas.

### • Situação e estado anímico
A aterrissagem atrasa. O piloto fica dando voltas na fila de espera para aterrissar. Você fica nervoso.

*Pensamento:*
Lembre-se de que muitos outros aviões estão voando também. O espaço aéreo de muitos aeroportos é congestionado. As medidas de segurança de vôo garantem uma aterrissagem segura para você. Lembre-se de que logo você terá concluído com sucesso o vôo. Use o

tempo de vôo extra para planejar suas atividades quando chegar.

*Físico:*
Se você ainda estiver extremamente ansioso, então repita os exercícios de relaxamento e respiração descritos anteriormente.

- **Depois da aterrissagem:**

Você conseguiu! Parabéns! Não foi tão ruim como você temia, não é mesmo? E a cada vôo você se despede de seu medo. Você se dá uma chance de desaprender novamente o medo que havia aprendido.

Dessa forma, podemos nos livrar de hábitos negativos. Com o tempo, até o medo fica entediante.

*"Em cada começo habita um encanto."*
Hermann Hesse

Boeing 737-500 da Lufthansa

# Seu plano pessoal para dominar o medo de voar

Depois de você ter passado passo a passo pelo *checklist* das ações em caso de crise, podemos trabalhar seu plano pessoal para dominar o medo de voar. Reflita sobre que tipo de estratégia lá apresentada você pode aplicar para impedir o surgimento do medo ou diminuir o já existente. Escreva as possibilidades encontradas na coluna "auto-ajuda ativa". Dessa forma, você vai estar bem preparado para o futuro vôo.

**Auto-ajuda ativa**

**1.** Você decidiu:
"Vou viajar de avião".

**2.** Você diz para as pessoas
que vai de avião.

**3.** Você reserva seu vôo.

**4.** Você sabe que logo vai
tomar o avião.

**5.** Você sabe que vai tomar o
avião amanhã.

**6.** Você está na cama na noite
anterior ao vôo.

**7.** Você acorda e sabe:
"Hoje eu vou tomar o
avião".

**8.** Você toma o café-da-
manhã.

**9.** Você vai para o aeroporto.

**10.** Você chega ao aeroporto na área de embarque.

**11.** Você espera no balcão de *check-in*.

**12.** Você escuta a primeira chamada para seu vôo.

**13.** O sinal verde para o embarque acende.

**14.** Você passa pelo controle do bilhete de vôo e de passaporte.

**15.** Você fica na fila do controle de segurança e passa.

**16.** Você recebe seu cartão de embarque e entra na sala de embarque.

**17.** Você aguarda na sala de embarque, até a chamada para o vôo.

**18.** Você está no ônibus que leva ao avião ou passa pelo *finger*.

**19.** Você entra no avião, procura seu lugar e se senta.

**20.** A porta é fechada.

**21.** Você escuta o aviso: "Tripulação, preparar para a decolagem".

**22.** Você aperta o cinto e coloca o assento na posição vertical.

**23.** O avião inicia os procedimentos de decolagem.

**24.** A comissária de bordo dá as instruções de segurança para os passageiros.

**25.** O avião posiciona-se para a decolagem.

**26.** O avião acelera e decola.

**27.** Seu estado físico altera-se na decolagem.

**28.** Cessa o ruído de rolagem na pista, os ruídos do motor se alteram.

**29.** O avião mantém-se em rota ascendente nos próximos minutos.

**30.** O avião inclina-se para manter a rota do vôo.

**31.** Quando o avião atinge a altura de vôo, apagam-se os sinais de "apertem os cintos".

**32.** O comandante cumprimenta você. Ele informa sobre o vôo que acabou de se iniciar.

**33.** O avião voa tranqüilamente.

**34.** No avião sente-se de vez em quando um leve solavanco, que aparece sempre que se muda de uma camada de ar para outra.

**35.** As comissárias de bordo servem as refeições e as bebidas.

**36.** Você ouve o aviso da comissária para apertar o cinto.

**37.** Você afivela o cinto novamente.

**38.** O avião inicia os procedimentos para a aterrissagem.

**39.** Eventualmente sobrevoa o aeroporto, na fila de espera para aterrissar.

**40.** Você escuta os *flaps* de aterrissagem serem acionados.

**41.** O avião inclina-se.

**42.** Você consegue ver a pista de aterrissagem.

**43.** Você escuta o comunicado da comissária de bordo.

**44.** O avião pousa.

**45.** As turbinas são revertidas para frear.

**46.** Enquanto o avião está em movimento no solo, você escuta: "Mantenham os cintos afivelados, até o avião parar".

**47.** Antes de abrirem as portas e os passageiros poderem desembarcar, você ouve o comunicado da comissária de bordo de que as portas serão abertas.

**48.** Você desembarca.

# Possibilidades mais importantes para a auto-ajuda

## 1. Relaxamento
Treinamento para relaxar os músculos enrijecidos (de acordo com E. Jacobson)
Contração... Mantenha-se contraído... Relaxamento de cada parte do corpo: mãos/braços, rosto, ombros/nuca, costas, abdômen, glúteos, pé (ver página 23).
Relaxamento 'expresso' ("Exercícios de emergência")
Contração... Mantenha-se contraído... Relaxamento de vários grupos de músculos simultaneamente (ver página 31).

## 2. Respiração com relaxamento
Concentre-se em sua respiração e observe como você inspira e expira vagarosamente.
Inspirando com vigor, procure levantar e expandir seu tórax ao inspirar.
Prender a respiração, soltar o ar e sentir como toda tensão desaparece com a saída do ar.
Agora continue respirando normalmente, observando como seu peito fica mais e mais solto e livre.

## 3. Parada de pensamento
Se surgir um pensamento indesejado, interrompa-o imediatamente dizendo para si mesmo "pare!" (ver página 38).

## 4. Avaliar realisticamente a situação
Lembre-se das observações do comandante sobre segurança, o transcorrer do vôo, os ruídos etc. (ver página 59).

## 5. Transformar pensamentos negativos em positivos
Não diga para si mesmo "eu não consigo", mas sim: "eu já superei outras situações difíceis".

## 6. Animar-se, elogiar-se

### 7. Liberar os sentimentos e descrevê-los

Libere sua tensão, seu medo. Você os sente, você os descreve. É possível conversar com seu medo. Pergunte para ele, por exemplo: "o que você quer de mim?".
Observe como seu estado de espírito muda e, aos poucos, você relaxa.

### 8. Levar até o fim os pensamentos desagradáveis

Você não se abala e se conscientiza do que está acontecendo. Você não repele as imagens e sensações que vêm à tona.

### 9. Mudar a postura e reagir

Movimente-se, fale sobre seus medos, expresse sua irritação, liberando assim a tensão.

### 10. Distrair-se

#### SEMINÁRIOS PARA APRENDER A VIAJAR DE AVIÃO SEM STRESS

Algumas companhias aéreas nos Estados Unidos (por exemplo, a United Airlines), na Holanda (KLM), na Áustria (Austrian Airlines) e na Alemanha (Lufthansa) oferecem há anos seminários para pessoas que têm medo de voar. O grande interesse e a demanda contínua de passageiros que têm medo de voar incentivam essas empresas a quebrar o "tabu do medo de voar". Esses seminários não são muito diferentes entre si. O objetivo principal deles é ensinar a ter controle ativo sobre o medo e assim possibilitar um vôo sem stress. Naturalmente, as companhias aéreas esperam, em função do oferecimento desses seminários, o aumento de seu faturamento. A fabricante de aviões Boeing, por exemplo, estima em dois bilhões de dólares por ano as perdas financeiras com passagens aéreas que deixam de ser vendidas em virtude do medo de voar, e isso, diga-se de passagem, apenas nos Estados Unidos; sendo esse valor correspondente a 9% do valor das passagens vendidas de fato.

A Austrian Airlines oferece há anos seminários contra o medo de voar. O número de participantes é limitado a cerca de 12 a 14 pessoas, o que possibilita um acompanhamento individualizado na superação do medo. Também na Alemanha, os passageiros interessados podem aprender a superar seu medo de voar em pequenos grupos. Seminários para "voar sem stress" são oferecidos pela agência alemã Silvia Texter em conjunto com a Lufthansa. São realizados em determinados finais de semana em grandes cidades alemãs que têm aeroportos e, desde 1991, também em outras cidades européias: em Bruxelas (Bélgica), Madri e Barcelona (Espanha), bem como em Milão (Itália) e Luxemburgo (em conjunto com a Luxair). Em seminários com duas semanas de duração, um psicólogo e um comandante, respectivamente, passam noções teóricas e práticas. Dentre as atividades desenvolvidas nos seminários, constam exercícios de relaxamento e respiração, métodos de autocontrole corporal e mental, exercícios comportamentais. Também estão previstas na programação aulas sobre técnicas de voar ministradas por um comandante com larga experiência.

Um vôo opcional em grupo, com o acompanhamento de um psicólogo, encerra o seminário. A agência Texter oferece também seminários individuais para uma ou duas pessoas. Além disso, são realizados seminários de reciclagem com um dia de duração para aqueles participantes que não tiveram oportunidade, ou que tiveram poucas oportunidades de voar, desde sua participação nos seminários. A agência Texter ofereceu de 1981 até o final de 1999 cerca de 860 seminários, dos quais participaram ao todo 8 mil pessoas. Entrevistas com os participantes dos seminários revelaram que por volta de 90%, mesmo depois de cinco anos ou até mais de sua participação nos seminários, utilizaram o avião por motivos pessoais ou profissionais. Segundo dados dos participantes, cerca de 80% deles notaram uma diminuição significativa do medo logo depois dos seminários, bem como dois e cinco anos após sua conclusão. Em uma enquete posterior, do ano de 1994, 59% dos participantes entrevistados revelaram que, depois de dois anos de sua participação nos seminários, eles só tinham um pouco ou até mesmo nenhum medo de voar.

Para maiores informações sobre os "Seminários para voar sem stress", consulte:

Agentur Texter – Millot GmbH
Hohenstaufenstr. 1
80801 Munique – Alemanha
Tel: 089/39-1739
Fax: 089/33-6004
E-mail: agentur-texter@t-online.de

# Registros de
## um comandante de avião

Os aeroportos exercem um certo fascínio sobre a maioria das pessoas. Mesmo aqueles que voam com freqüência, por motivos profissionais ou particulares, não escapam dessa atmosfera toda especial de um aeroporto.

São pessoas que chegam de todas as partes do mundo ou que partem para o mundo todo e também são as muitas línguas faladas, que conferem ao aeroporto um certo ar cosmopolita e internacional. E, sobretudo, a **língua inglesa** que caracteriza as atividades ligadas ao vôo e assim também os aeroportos. Falando-se de *departure* ou de *arrival hall,* de *exit*, de *gate* ou de *security-control*, a língua inglesa faz parte da aviação e não se pode pensar em um aeroporto sem ela (ver também o glossário a partir da página 84).

Levas enormes de pessoas são orientadas pelo "latim de nossos tempos" nos avisos de vôos e nas placas de indicação. E, ainda assim, nessa aparente confusão de placas informativas, escadas rolantes e corredores sem fim, podemos ver uma **organização sistemática.** A maioria dos grandes aeroportos são divididos, por exemplo, em áreas de desembarque e embarque, que, por sua vez, estão divididas em subáreas, como desembarque doméstico (*domestic arrivals*), internacional (*international arrivals*) ou embarque internacional (*international departures*), ou doméstico (*domestic departures*). Grandes aeroportos, como o internacional de Frankfurt, que comportam 1.000 embarques e desembarques diários, subdividem ainda aquelas áreas entre diversas companhias aéreas, em vôos de linha e *charter*. Tudo isso serve para normatizar o trânsito e, em última análise, por mais paradoxal que possa parecer, torná-lo mais claro.

Entrando no aeroporto, o que chama imediatamente a atenção são os vários guichês de *check-in*. Cada uma das companhias aéreas tem vários guichês desse tipo. Entrega-se a bagagem, o assento é marcado e o passageiro é informado sobre o horário e portão de embarque. O pessoal de terra o ajuda a se orientar rapidamente e sem problemas no aeroporto.

No caminho para a sala de embarque, o passageiro tem que passar pelo controle de segurança. Este impede que qualquer objeto perigoso seja levado no avião. Em uma estrutura no formato de um portal todos os passageiros passam pelo detector de metais. Esse aparelho dispara um alarme na presença de qualquer metal. Nesse caso, a segurança solicita ao passageiro que esvazie sua bolsa – mesmo que se tratem apenas de moedas, da caneta ou do chaveiro. Ao mesmo tempo, a bagagem de mão corre na esteira por um túnel com raio-X. No monitor desse aparelho de raio-X fica visível o conteúdo da bagagem, de modo que possam ser descobertas armas escondidas ou outros objetos não permitidos. Muitos passageiros consideram desagradável e demorado esse procedimento de segurança extremamente cuidadoso. Todavia, deve-se considerar que cada uma dessas medidas serve para a segurança das pessoas.

Até o horário marcado para o embarque, o passageiro tem que encontrar o portão determinado. Na sala de embarque tem-se a primeira oportunidade de dar uma olhada no **pátio das aeronaves**. Este é o local onde os aviões são "despachados", isto é, são preparados para o vôo.

Pelas grandes janelas da sala de embarque pode-se ter uma boa visão do aeroporto: vêem-se as fachadas de vidro dos prédios de "despacho" (terminais), os enormes hangares, prédios de escritórios, armazéns de carga e a torre de controle acima de todos, a chamada *Tower*. Entre eles, encontram-se grandes áreas de concreto, a pista de manobra dos aviões e, com alguma sorte, pode-se ver de alguma distância a pista de decolagem e aterrissagem.

Freqüentemente, os aviões ficam estacionados bem perto do local de espera, estando acessíveis diretamente por um dos *fingers*. É uma boa oportunidade de ver de perto um avião de carreira. Chama a atenção a enorme fuselagem, a altura do leme, asas longas e esbeltas com duas, três ou quatro turbinas arredondadas e enormes.

Airbus A 340-300 da Lufthansa

Em volta do avião predomina um burburinho de pessoas trabalhando. Carregadores rebocam enormes contêineres de carga para o porão abaixo da cabine dos passageiros, um veículo-tanque bombeia combustível vindo de canos subterrâneos para o tanque do avião, que fica nas asas e na fuselagem (coloca-se uma centena de toneladas em aviões que fazem percursos de longa distância).

Aeroporto de Frankfurt

Um equipamento tão complexo como o avião tem que ser submetido a uma manutenção cuidadosa. Os fabricantes estabeleceram normas claras e precisas sobre o intervalo de tempo e o tipo de **manutenção** a que o aparelho deve ser submetido. Além disso, as autoridades responsáveis garantem que essas indicações sejam seguidas e asseguram sua execução em conjunto com os engenheiros de manutenção.

Assim, antes de cada vôo, os técnicos fazem as inspeções determinadas e o comandante se assegura de que seu aparelho está em perfeitas condições técnicas.

Um grande caminhão-elevador abastece o avião com as refeições e equipamentos de bordo e um carro-pipa enche o tanque de água potável.

Somente quando todos esses trabalhos estão encerrados é que os passageiros são convidados a embarcar.

Nesse ponto, a **tripulação** também já realizou os preparativos para o vôo. Bem antes do início do vôo, ela se encontra para o chamado *briefing*. Esse procedimento não serve apenas para a tripulação se conhecer, mas

Tripulação de um Boeing 747-200 da Lufthansa

também para a preparação do vôo sob o ponto de vista de segurança. No chamado *dispatch*, a tripulação informa-se sobre a rota, a previsão do tempo, as condições técnicas do vôo e determina a quantidade de combustível necessária.

A quantidade de **combustível** (querosene) necessária para cada vôo é definida através de regras fixas. Não é necessário apenas abastecer a quantidade suficiente para o vôo planejado em si. Exige-se mais do que isso: combustível para o deslocamento no solo, para um eventual desvio de rota para outro aeroporto que não o de destino, uma quantidade suficiente para aguardar sua vez para pousar, em caso de congestionamento aéreo, e ainda um percentual de segurança para eventuais erros de cálculo. Cada vôo decola com uma quantidade consideravelmente maior de combustível do que a realmente necessária.

Chegando a bordo, os **comissários** têm diversas tarefas. Considerando que são responsáveis não só pelo atendimento dos passageiros, mas também por sua segurança a bordo, eles verificam cuidadosamente todos os equipamentos. Dentre eles tem-se o colete salva-vidas, máscaras de oxigênio, instruções de segurança, sistemas de iluminação e comunicação. Eles se certificam de que tudo está funcionando perfeitamente.

Enquanto isso, os **comandantes** se preparam na cabine de comando para o vôo. Testam, de acordo com procedimentos prescritos, o bom funcionamento dos sistemas técnicos, inclusive fazendo uma inspeção externa, alimentam o computador de bordo com dados relevantes, coordenam os trabalhos necessários com os agentes de expedição e mantêm contato com o controle de tráfego aéreo na torre de controle, para garantir um vôo pontual.

Tão logo as portas tenham sido fechadas, está tudo preparado para acionar os motores. Quando a torre de controle dá permissão para o **acionamento** deles, o comandante, como sinal de advertência externo para a tripulação, acende luzes pisca-pisca vermelhas, que sinalizam nas partes inferiores e superiores da fuselagem que os motores foram acionados. Junto ao avião, encontra-se ainda um mecânico de aeronaves, que mantém contato pelo rádio com a cabine de comando, e que observa de fora o processo de partida e o deslocamento inicial do avião. Uma unidade auxiliar de

Boeing 747-400 – cabine de comando

força, que abastece o avião com eletricidade e ar quando os motores estão desligados, fornece agora a pressão necessária para que eles dêem o arranque.

Terminado o processo de partida, os comandantes solicitam a liberação da pista de manobra. Nesse momento, o avião passa a movimentar-se com sua própria força em direção à pista de decolagem. Enquanto os comissários dão as instruções de segurança aos passageiros, na cabine de comando são realizados outros controles de rotina.

Um dos pontos mais importantes a serem checados é o chamado *flight control check*, uma verificação das superfícies de controle do avião. Com o comando correspondente da cabine, os motores hidráulicos movimentam as enormes superfícies móveis nas asas e no leme. Durante esse procedimento, escuta-se um leve ruído.

Alguns motores acionam também os *slats* e os *flaps* nas asas. Eles são acionados antes da partida para aumentar a sustentação das asas nas baixas velocidades. As asas são peças compridas, esbeltas e flexíveis, levemente convexas em sua parte superior. O efeito desse abaulamento e como ele produz a curvatura necessária nas asas pode ser explicado por meio de um pequeno exemplo:

Quando o fluxo de ar atinge a frente da asa, uma parcela do ar, que passa pela parte abaulada, percorre um caminho mais longo do que o ar que passa por baixo da asa. A corrente de ar mais rápida que passa sobre a superfície abaulada provoca uma pressão mais baixa, portanto uma força de sustentação (Ilustração 12).

Para direcionar um avião são utilizadas superfícies de comando, existentes nas asas, no leme e profundor, que servem para alterar as condições da corrente de ar.

Por fim, o avião dirige-se à pista de decolagem. A pista que os pilotos vão escolher e em que direção do céu vão decolar dependem de uma série de fatores.

Boeing 747-400 da Lufthansa

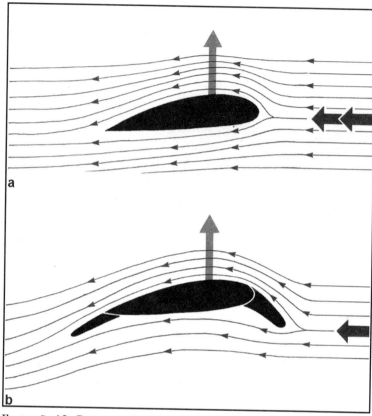

Ilustração 12: Com o auxílio de *flaps* de aterrissagem (b: na posição estendida) aumenta o abaulamento dos perfis das asas projetadas para velocidades mais altas. Dessa forma, pode-se produzir em velocidades baixas a sustentação suficiente, embora a operação aumente também a resistência do ar.

A situação ideal em que a pista de decolagem já aponta para o aeroporto de destino é uma exceção. É muito mais importante o comprimento da pista, pois ela deve ser longa o bastante para que o avião possa desenvolver a velocidade para a decolagem segura ou frear a tempo e com segurança em caso de uma anomalia no sistema. Outro fator importante é a direção do vento que está predominando no momento. Tendo em vista que a sustentação depende da velocidade com a qual o ar corre em volta das asas, a velocidade necessária para a decolagem é atingida mais rapidamente contra o vento do que a favor dele e, dessa forma, diminui o espaço necessário para a decolagem.

Depois de alinhar o avião na direção de decolagem, o comandante empurra os manetes para a frente, os ruídos dos motores aumentam, e quando estes, depois de poucos segundos, tiverem atingido seu regime máximo de potência, nota-se com nitidez a diferença de aceleração. O avião ganha velocidade rapidamente e levanta o nariz do solo pouco tempo depois. Em seguida, as rodas perdem contato com o solo e o avião está voando. Pouco depois da decolagem, podem-se ouvir solavancos no meio do avião. Depois de algumas vibrações, tudo se acalma novamente. Os pilotos recolhem o trem de pouso e as grandes portas fecham as cavernas na fuselagem, dentro da melhor configuração de aerodinâmica. Menos resistência significa também uma menor necessidade de potência dos motores. Assim, logo depois da decolagem, reduz-se sua força e a cabine fica mais silenciosa. Um avião com mais de um motor dispõe de mais empuxo durante a decolagem normal do que é necessário. Isso porque sempre se conta com a possibilidade de, no momento crítico da decolagem, algum motor falhar.

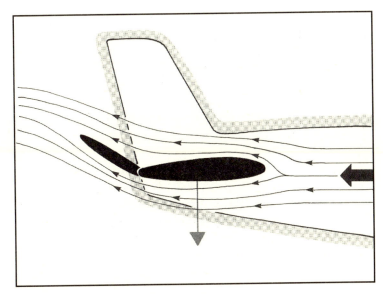

Ilustração 13: Superfícies de comando na empenagem mudam as condições do fluxo de ar.

Também nesse caso tem que existir garantia de que o avião seja capaz de superar todos os obstáculos na hora da decolagem. Por isso, sempre é feito um cálculo antes dela.

É necessário garantir que a aeronave possa sobrevoar com segurança todos os obstáculos no setor de decolagem. Se o cálculo feito antes da decolagem demonstrar que isso não é possível, o peso da aeronave na decolagem deve ser reduzido de maneira a garantir a ausência de obstáculos até mesmo no caso de **falha do motor**. Como as falhas do motor são cada vez mais raras, devido ao aprimoramento da técnica e a sofisticados programas de acompanhamento de tendências, um empuxo excedente está disponível em cada decolagem normal. Assim, o avião poderia subir numa posição relativamente inclinada. Mas, para o conforto dos passageiros, os pilotos limitam o ângulo de subida a cerca de 20 graus. Tão logo a aeronave atinja uma altitude segura, a potência do motor é reduzida. O nível de ruído no avião e ao redor do aeroporto diminui sensivelmente. O ângulo de subida é agora um pouco menos inclinado e, com o aumento da velocidade, os *flaps* de aterrissagem estendidos durante a decolagem podem ser recolhidos. A aeronave oferece agora bem menos resistência ao ar, podendo acelerar gradualmente até atingir sua velocidade de cruzeiro. Com auxílio dos sistemas de navegação, a aeronave segue as rotas pré-definidas de decolagem e percorre as aerovias estabelecidas.

Após a decolagem, a **pressão do ar ambiente** diminui acentuadamente à medida que o avião ganha altitude, a pressão interna na cabine diminui lentamente – como acontece em um teleférico – e é mantida em um nível agradável durante o vôo. Enquanto, por exemplo, em uma altitude de vôo de 10.000 metros apenas um quarto da pressão do ar normal está presente, na cabine de passageiros a pressão do ar é reduzida quase que imperceptivelmente a um nível que corresponde a uma altitude de 2.500 metros.

A **altitude** que o avião atinge depende da extensão do percurso e do peso na decolagem. Basicamente, vale a regra: quanto mais alto, menor é a resistência e menor o consumo de combustível. Ideais são as alturas de 10.000 metros. Naturalmente, não faz sentido subir a essa altitude em rotas curtas.

Quando a altitude de cruzeiro é atingida e o comandante prevê um vôo tranqüilo, ele desliga o aviso para apertar cintos. Os comissários podem então iniciar o serviço de bordo.

Boeing 747-400 da Lufthansa em vôo

Qualquer pessoa que visite a cabine durante o vôo ficará impressionada com a quantidade de instrumentos de controle, comutadores, alavancas, lâmpadas e telas. No entanto, essa variedade de instrumentos está subordinada a um sistema sofisticado. A disposição dos instrumentos mais importantes é igual em todos os aviões por motivos técnicos. Os sistemas mais importantes (por exemplo, elétrico, hidráulico, pneumático) são redundantes. Em geral, eles trabalham paralelamente. No caso de falha de um componente, sua função é imediatamente assumida por outros idênticos.

Mas não é apenas a parte técnica que é garantida pelos sistemas. Em todas as cabines de aviões comerciais trabalham no mínimo dois pilotos, sendo um deles o comandante. Ambos são treinados e licenciados para operar aquele tipo específico de aeronave (mais informações sobre a formação e treinamento dos pilotos na página 74). O trabalho é realizado sempre em equipe. Dependendo do tipo de aeronave e percurso seguido, podem estar a bordo outros pilotos, engenheiros de vôo, navegadores e outros profissionais. Sob a direção do comandante, os ocupantes da cabine trabalham de acordo com procedimentos precisamente definidos. A divisão do trabalho baseia-se nos princípios de liderança e gerenciamento de recursos. Enquanto um dos pilotos se ocupa com a direção do avião, o outro colabora com ele informando-o sobre a documentação impressa definida, operando a comunicação por rádio e monitorando atentamente o trabalho do companheiro.

Antes de receberem a autorização para pilotar aviões comerciais, os dois pilotos se submetem a um longo período de treinamento. Eles voam várias centenas ou milhares de horas em diferentes aeronaves, obtêm uma série de licenças e a **formação e aperfeiçoamento** não terminam na operação das linhas. A autorização concedida pelas autoridades para o comando de um avião é válida por um tempo limitado e precisa ser renovada constantemente através de novas provas. Uma parte integrante da renovação da licença são exames médicos minuciosos, de maneira que é necessário comprovar regularmente não apenas conhecimentos de aviação irrepreensíveis mas também uma condição física perfeita. Isso é muito importante quando se considera que os pilotos devem prestar seus serviços de forma segura em todos os fusos horários e climas. Foi dito uma vez, com razão, que a profissão de piloto é uma eterna prova.

Embora as grandes **altitudes** sejam favoráveis à operação comercial do avião, elas são extremas do ponto de vista terrestre. A pressão do ar corresponde a cerca de apenas um quarto da pressão da superfície da Terra, as temperaturas são de menos 50 graus ou ainda mais baixas e, ao longo do ano, predominam velocidades muito altas de ventos. Ventos de 100 a 200 quilômetros por hora não são raros. O que à primeira vista pode parecer uma dificuldade pode se transformar em vantagem no caso de uma utilização hábil. Podem-se utilizar as fortes massas de ar, já que elas aumentam a velocidade da aeronave, reduzindo assim a duração do vôo e o consumo de combustível. O ar rarefeito também é uma vantagem, porque oferece menos resistência ao avião, permitindo também velocidades mais altas e redução do consumo de combustível.

São necessárias providências para que os passageiros a bordo possam se sentir confortáveis em grandes altitudes. Um **ar condicionado pressurizado** faz com que as condições a bordo sejam quase iguais às do solo. Os motores do avião fornecem o ar que é processado pelo sistema de ar condicionado para o conforto dos passageiros.

Em geral, os passageiros não percebem nenhuma alteração quando o avião se dirige ao seu destino a cerca de 800 a 1.000 quilômetros por hora. No entanto, se houver turbulências devido à alta **velocidade dos ventos**, a aeronave acompanha parte do movimento das partículas de ar e os passageiros sentem a perturbação como turbulência. Pode-se ver agora como as asas flexíveis oscilam e se movimentam para cima e para baixo, especialmente em direção às pontas das mesmas. Essas flexões necessárias foram previstas pelos construtores e incluídas na construção do avião. Elas visam reduzir a **turbulência**, atuando como amortecedores que absorvem as forças que atingem a aeronave. Há também outros motivos para um vôo agitado: nuvens e tempestades podem alterar a movimentação do ar com suas correntes de ar verticais limitadas ao local.

O vapor de água existente nas nuvens pode ser detectado pelo radar meteorológico existente a bordo. Assim, se necessário, os pilotos podem desviar em tempo hábil dessas zonas. Em alguns casos, acidentes geográficos como montanhas podem causar turbulências, quando fortes correntes de ar passam por cima delas. Muitas vezes, a mudança de altitude resolve o problema.

Caso a posição normal da aeronave seja alterada por causa de uma turbulência, ela corrige sua posição original após algum tempo sem necessidade de intervenção corretiva dos pilotos (ver ilustração 14). Esta auto-estabilização é intencional e incluída no projeto.

**A distância de vôo** raramente é a conexão mais curta entre o local de decolagem e o aeroporto de destino. Os vôos podem ser desenvolvidos apenas em aerovias definidas e controladas. Eles devem ser controlados por todas as torres de controle envolvidas e devem se ajustar às condições meteorológicas e de vento, principalmente em grandes distâncias.

Quando se aproximam do aeroporto de destino, os pilotos dão início aos **procedimentos de descida**. Devido ao alto peso, à velocidade e à

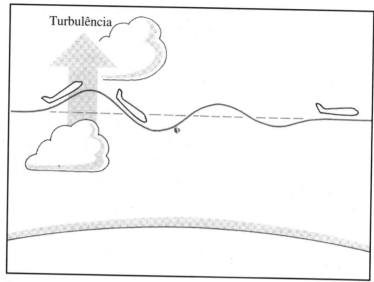

Ilustração 14: Se a turbulência deslocar o avião de sua trajetória normal, ele pode retomá-la sem a interferência do piloto.

grande altitude de vôo, o avião tem uma alta energia cinética capaz de transformar uma grande aeronave em um planador. A aeronave não cai do céu sem motor como uma pedra, mas percorre ainda um longo caminho como se estivesse planando.

Quando o avião abandona sua altitude de cruzeiro, começando a baixar, e os pilotos iniciam a **aproximação** ao aeroporto, eles reduzem o empuxo dos motores. A cabine torna-se perceptivelmente mais silenciosa e o nariz do avião é cautelosamente baixado. Com um ângulo de planeio de cerca de 1:20, o avião se aproxima do solo. Exatamente como na decolagem, a aproximação também é interrompida por fases de vôo horizontal, já que aqui novamente é preciso atentar para o tráfego aéreo e os pilotos, cumprindo as instruções dadas pelas torres de controle, precisam manter uma distância segura das outras aeronaves. Isso pode até fazer com que o vôo atrase ou seja interrompido porque muitas aeronaves desejam pousar ao mesmo tempo. Como um avião não fica parado no ar, os pilotos não têm outra opção a não ser manter o avião em uma **fila de espera** e aguardar a liberação do pouso pela torre de controle.

À medida que o avião se aproxima do aeroporto, sua velocidade deve ser gradualmente reduzida. Para garantir a força de sustentação necessária nas asas, os *flaps* para pouso são baixados gradualmente. Após os pilotos terem estabilizado o avião na aproximação final, eles estendem o trem de pouso e comandam os *flaps* na posição final. O aumento de resistência resultante deve ser equilibrado com empuxo adicional.

Dispostas como em um cordão de pérolas, as aeronaves – orientadas pelo sistema de pouso por instrumentos – voam em direção à pista de pouso. Em intervalos precisamente definidos, uma aeronave após a outra pousa na pista de concreto. Se a distância mínima entre dois aviões for ultrapassada, ou o avião não sair suficientemente rápido da pista, o próximo avião pode ser obrigado a interromper o pouso e arremeter. Esse é um procedimento bastante normal e os passageiros não têm motivos para se preocupar.

Quando o avião pousa na pista, os *spoilers* (ou freios aerodinâmicos) são estendidos da parte superior da asa para eliminar a força de sustentação das asas e depositar todo o peso do avião sobre as rodas. Apenas desse modo é possível obter o efeito ideal de frenagem. Os motores, que até agora só produziram empuxo para a frente, são empregados para a frenagem. O impulso é virado para a frente por *flaps* localizados atrás das turbinas ou

Um Boeing 747 é orientado para seu local
de estacionamento após o pouso

motores, produzindo um efeito adicional de frenagem (empuxo de reversão).

Quando a velocidade é suficientemente reduzida, o avião deixa a pista de pouso através de uma pista de rolagem, em direção ao local de estacionamento indicado. Após a parada da aeronave, as turbinas são desligadas, o aviso de apertar cintos apagado e os passageiros podem deixar o avião por uma ponte de desembarque ou uma escada móvel.

## A FORMAÇÃO DOS PILOTOS

Voar relaxado também significa poder confiar nos pilotos e na técnica aeronáutica. As informações a seguir sobre a formação dos pilotos e sobre a manutenção e segurança das aeronaves devem tranqüilizá-lo.

Na Alemanha, por exemplo, a escola de pilotos comerciais da Lufthansa forma profissionais sob a supervisão do Departamento Federal de Aviação. Primeiramente, todos os candidatos têm que se submeter a um teste de aptidão em Hamburgo. Nessa oportunidade são testados uma série de conhecimentos e habilidades, sobretudo a capacidade de reação sob pressão. Apenas um em cada dez candidatos passa nessa prova de aptidão. Para ele está aberto o caminho para a formação de pilotos com a duração de dois anos em Bremen (Alemanha) e em Phoenix, no Arizona (EUA).

Os temas principais da formação teórica são, entre outros, teoria do vôo, informação sobre as aeronaves, motores e navegação. Naturalmente, o estudante tem que se confrontar durante essa primeira parte da formação também com uma série de outras matérias, como meteorologia, antes de prestar finalmente as provas teóricas para obtenção do Brevê ou PPL (*Private Pilot Licence*) e o certificado de habilitação para comunicação por rádio. As primeiras práticas de vôo de um piloto da Lufthansa são com o monomotor Beechcraft Bonanza em Phoenix, no Arizona. Sob condições favoráveis de tempo, que predominam na maior parte do ano no Arizona, os alunos obtêm a prática de vôo necessária para finalmente prestar o exame do PPL. Depois voltam às salas de aula em Bremen. Seguem-se formação teórica e prova para obtenção do Brevê Profissional e para a habilitação do vôo por instrumentos. A parte prática correspondente abrange, além de voar, o vôo por instrumentos com uma aeronave bimotora.

De volta a Bremen, os novos pilotos se familiarizam com o Beechcraft King Air nas condições de tempo e situações do congestionado espaço aéreo da Alemanha. Com isso, o aluno se aproxima mais de seu objetivo de voar com um jato moderno, porque a cabine de comando dessa aeronave bimotor lembra a do Boeing 737. Finalmente, ele obtém o Brevê Profissional (*Commercial Pilot Licence* ou CPL).

Depois de aulas no simulador em Frankfurt, de uma introdução às particularidades dos jatos, bem como do treinamento de vôo sem passageiros, o novo piloto obtém junto à Lufthansa a habilitação padrão para o Boeing 737 ou para o Airbus A-320. Então, ele ocupa o assento pela primeira vez na cabine de comando, à direita do comandante. Depois de 100 horas de vôo sob a supervisão de colegas experimentados ele passa a ser co-piloto. Pelo menos mais três mil horas de experiência são necessárias antes que um co-piloto possa sequer pensar na licença como comandante.

O treinamento de pilotos é um processo que nunca tem fim: cada piloto, independentemente dos anos de serviço que tenha, tem que testar duas vezes por ano suas qualificações. Em testes com quatro horas de duração, em simuladores, são verificadas a aptidão de vôo, capacidade de desempenho e reação. No simulador, que é uma cópia perfeita da cabine de comando do respectivo tipo de aeronave, verificam-se sobretudo se as decisões tomadas em todas as situações de exceção imagináveis são corretas. Apenas quem foi aprovado nesse teste e cuja aptidão para voar foi comprovada por um médico mantém sua licença por mais um período de meio ano.

As companhias aéreas investem muito na formação continuada e no treinamento de seus pilotos para garantir o nível máximo de segurança. Imagine em qual outra profissão existe uma série tão intrincada de testes. Isso não deveria convencê-lo a confiar nos pilotos daqui em diante?

## TÉCNICA, MANUTENÇÃO E REVISÃO DE AERONAVES COMERCIAIS

Muitos passageiros sentem uma grande desconfiança quanto à tecnologia moderna das aeronaves comerciais. O simples pensamento sobre possíveis erros técnicos desencadeia neles mal-estar e medo. Nesse processo, chama a atenção o desconhecimento de muitos passageiros sobre a extensão dos trabalhos de manutenção, dos procedimentos afins, bem como sua supervisão. As informações seguintes devem levá-lo a recorrer no futuro, em caso de necessidade, a esse conhecimento, ao invés de liberar sua fantasia negativa.

Os fabricantes de aeronaves prescrevem às companhias aéreas quais os intervalos e em que extensão a manutenção deve ser realizada. Os órgãos governamentais de controle da aviação nacional cuidam para que essas regras sejam rigorosamente observadas. Na Alemanha, o órgão competente para isso é o Departamento Federal de Aviação.

Na Lufthansa, 12 mil técnicos estão comprometidos continuamente com o objetivo de reconhecer e sanar possíveis falhas antes que elas possam ter qualquer efeito no funcionamento da aeronave. Estão à disposição para os trabalhos de manutenção e verificação grandes centros técnicos em Frankfurt, Hamburgo, Berlim e Munique. A oficina de motores em Hamburgo é a maior fora dos Estados Unidos. A Lufthansa verifica não só seus próprios motores, mas também os de muitos outros clientes como a Air

Nos grandes hangares de manutenção da base da Lufthansa em Frankfurt são testados, profunda e periodicamente, os componentes mecânicos, hidráulicos, elétricos e eletrônicos da aeronave e, quando necessário, são consertados ou substituídos.

France e Qantas. Hoje é possível, graças a técnicas modernas, levantar continuamente os dados de desempenho dos motores. Assim, os sinais de um defeito são reconhecidos imediatamente e o motor é trocado por precaução durante os trabalhos de manutenção normais. Em todos os outros trabalhos de manutenção são utilizados os mais modernos processos de testes de materiais. Os técnicos verificam os diversos materiais com microscópios eletrônicos precisos. Os locais críticos na estrutura da aeronave são examinados com raio-X.

A utilização diária das aeronaves requer uma técnica avançada com um sistema de graduação de trabalhos de manutenção e verificação, sendo que aeronaves de vôos de curta distância vão antes para a oficina do que as aeronaves para vôos de longa distância. O *checklist* na página 78 mostra como a Lufthansa faz a manutenção e a verificação.

Como nas revisões de automóveis, está previsto um espaço de tempo determinado para cada verificação da aeronave. O "D check" é uma verificação completa da aeronave com todos os seus sistemas. Para tal checagem são gastos 50 mil horas de trabalho e cerca de 4 milhões de marcos. Parte das checagens incorpora freqüentemente equipamentos mais modernos, tornando a aeronave não tão boa quanto uma nova, mas até melhor. Para o controle de todos os trabalhos realizados, há técnicos especializados e credenciados pelo Departamento Federal de Aviação. Os trabalhos de manutenção especialmente importantes são vistoriados até mesmo por dois supervisores.

O avião é, indiscutivelmente, o meio de transporte mais seguro, embora sua tecnologia tenha se tornado mais complexa. Esse alto grau de segurança é garantido pelos recursos humanos do mais elevado nível: pelos pilotos na cabine de comando, pelos técnicos de manutenção da aeronave e pelos técnicos de controle do tráfego aéreo.

## O CONTROLE DO TRÁFEGO AÉREO

O serviço de controle do tráfego aéreo dos vôos comerciais tem a missão de evitar colisões entre as aeronaves no ar e em terra e manter o tráfego fluindo o melhor possível. Alta concentração é exigida no trabalho dos controladores de vôo no radar, o instrumento mais importante de contro-

# CHECK-LIST

Como a Lufthansa mantém, testa e cuida de seu parque de aeronaves

| Eventos | Itens de Manutenção | Intervalo | Tempo em terra* | Horas/ manutenção* |
|---|---|---|---|---|
| Checagem antes do vôo | Abastecimento, verificação de danos aparentes | Antes de cada vôo | 30-60 minutos | 1 |
| Ramp-Check | Verificação da pressão dos pneus, do desgaste dos freios, dos sistemas de incêndio e oxigênio e da cabine de comando | Diário | 2,5 a 5 horas | 4-35 |
| Service-Check | Verificação dos níveis de óleo, água e ar e mais o ramp-check | Semanalmente | 2,5 a 5 horas | 7-55 |
| A-Check | Controle externo e interno da aeronave. Controle dos motores e das funções. Inclusive o Service-Check | Cerca de 350 a 650 horas de vôo | 5-10 horas | 25-145 |
| B-Check | A-Check, controle pormenorizado interno e externo, controle da estrutura e das funções | Cerca de 5 meses | 9-28 horas | 110-700 |
| C-Check | B-Check, controle mais pormenorizado interno e externo e controle intensivo da estrutura e das funções | De 15 a 18 meses | 40-48 horas | 550-1.350 |
| IL-Check | Controles especiais de estrutura, reforma da cabine, retoque da pintura, verificação de sistemas e introdução de inovações | De 5 a 6 anos | Cerca de 2 semanas | Até 20.000 |
| D-Check | Controle detalhado e verificação da cabine e dos sistemas. Troca de componentes de maior porte, pintura, introdução de inovações | De 5 a 10 anos | Cerca de 4 semanas | Até 50.000 |

*por evento, tempo de manutenção em horas

Fonte: Lufthansa Technik AG

le de tráfego. Os controladores de vôo mantêm constante contato com os pilotos. Eles controlam cada fase do vôo e estão informados sobre todos os movimentos na pista de aterrissagem do aeroporto. Somente quando eles autorizam, os pilotos acionam os motores e esperam a autorização para taxiar. No caminho para o posicionamento de decolagem, o controlador de vôo dá seu OK para o plano de vôo apresentado. Após a decolagem, o piloto dá sua posição repetidamente para o controle do tráfego, que acompanha a aeronave até esta atingir 25.000 pés (8.300 m). Nesse momento, o controlador de vôo transfere o acompanhamento para os colegas de outro setor de controle. Em vôos de média e longa distância, a aeronave cruza áreas sob a jurisdição de vários setores de controle do tráfego aéreo.

Ao utilizarem as aerovias, duas aeronaves que voem paralelamente têm de manter uma distância mínima de 15 a 18 km entre elas. Por questões de segurança também deve ser mantida uma diferença de altura de vôo de 1.000 pés (330 m) até uma altitude de 9.600 metros e, acima desta, no mínimo 2.000 pés (660 m). A distância de segurança prescrita é vigiada pelo radar.

Na Alemanha, todos os movimentos aéreos são coordenados e vigiados pelo controle do tráfego. O espaço aéreo está congestionado, mas não lotado. Para evitar o excesso de aeronaves, os controladores de vôos podem negar a autorização para decolagem no horário previsto. Mesmo os atrasos sendo desagradáveis, os controladores agem assim para preservar sua segurança. O controle do tráfego aéreo garante, dessa forma, a segurança de milhares e milhares de decolagens e aterrissagens em todo o mundo.

# VOAR E A SAÚDE

Em 1994, viajaram de avião somente nos EUA mais de 528 milhões de pessoas. Entre os passageiros encontram-se não apenas pessoas saudáveis. Também pessoas adoentadas utilizam esse meio de transporte. Aconselha-se a elas, quando pretendam fazer vôos longos com esse meio de transporte rápido e seguro, que consultem seu médico *antes* da viagem. Além disso, algumas companhias aéreas oferecem, como a Lufthansa, consultas médicas no decorrer do vôo. Em casos de mal-estar *durante* o vôo os comissários de bordo, que foram treinados para prestar os primeiros socorros, cuidam do passageiro. Na maioria das companhias aéreas, há um amplo equipamento de emergência a bordo.

De um modo geral, viajar de avião não tem influência significativa sobre a saúde. Por isso, em princípio, também as **grávidas** podem viajar de avião, caso se trate de uma gravidez normal, até quatro semanas antes do parto. Grávidas podem, inclusive, fazer longos percursos até essa época.

Hoje em dia, até grandes distâncias são transpostas pelo avião em vôos sem escalas, como, por exemplo, o trecho Frankfurt – Los Angeles. Para que os passageiros não se sintam desconfortáveis em trechos mais longos, podem-se tomar algumas providências.

Em um vôo com a duração exata de 11 horas, como a rota Frankfurt – Los Angeles mencionada, você deve ir descansado para a partida. Tenha em mente que em uma altura de vôo de 11.000 metros a **umidade do ar** na cabine do avião é de apenas 5 a 15 por cento. Em virtude da perda de líquidos do corpo associada a esse fato, é recomendável tomar pelo menos um copo de 250 ml de líquido. As bebidas mais apropriadas são a água mineral sem gás, os chás suaves e os sucos de frutas levemente adoçados.

A baixa umidade do ar pode incomodar sobretudo aqueles que usam lentes de contato. Recomenda-se o uso de colírios especiais (as chamadas "lágrimas artificiais") para evitar o ressecamento das mucosas dos olhos. Já para proteger as mucosas do nariz recomenda-se o uso de uma pomada adequada.

A **pressão atmosférica** na cabine do avião, quando se está na altitude de vôo, equivale à de uma montanha de 2.500 metros de altura. A baixa pressão na aeronave enche a cabine de tal forma que ela parece um saquinho de batatas fritas hermeticamente fechado. O mesmo ocorre com o intestino das pessoas. Através da pressão reduzida da cabine, o intestino inchado pode fazer pressão sobre o diafragma e, em casos raros, levar a dificuldades de respiração, dores no coração e ataques de suor. Em vôos de longa duração evite consumir alimentos que produzem gás e pesados, preferindo os leves. Procure não sobrecarregar o sistema digestivo, mastigando devagar. Lembre-se também de que a pressão do oxigênio reduzida acentua os efeitos do álcool.

A **liberdade de movimentos limitada** e o fato de se ficar muito tempo sentado no avião podem levar muitos passageiros a ter dor nas costas ou a ficar com a musculatura contraída. Nesse caso, são de grande auxílio os exercícios de movimentação que também podem ser feitos sentados. Por exemplo, exercícios de alongamento, ginástica para os pés e exercícios corporais isométricos. Também é uma boa pedida levantar e dar uma "andadinha" no avião.

Na aterrissagem muitas vezes os ouvidos ficam tapados – em conseqüência da compensação de pressão entre o ouvido médio e o ar em volta. Você pode aliviar os sintomas dessa **compensação de pressão** mascando chicletes ou bocejando. Outra possibilidade: tapar o nariz e com a boca fechada pressionar com força o ar para dentro do ouvido. Todavia, se você estiver resfriado não poderá utilizar esse método, para evitar que as bactérias do nariz cheguem ao ouvido médio.

Muitas pessoas ficam com enjôo quando andam mais tempo de automóvel, especialmente em trechos com muitas curvas. Também em viagens de navio, de trem ou de avião pode-se sofrer de enjôos (*'kinetosis'*). A causa desse mal estar e da tontura a ele associada está no ouvido interno. Lá encontra-se o órgão responsável pelo equilíbrio, que fica irritado com determinados movimentos repetitivos do meio de transporte. Ele transmite esse impulso de irritação, através do sistema nervoso vegetativo, para outros órgãos, como o estômago e a parte do cérebro que controla a sensação de enjôo.

Para que você seja poupado dessa doença do ar – como a *kinetosis* é chamada para definir mal-estares em vôos –, deve escolher um assento no meio da cabine, porque lá os movimentos da aeronave são menos sentidos. Encoste firmemente sua cabeça no encosto do assento para deixá-la em uma postura o mais estável possível e fixe a vista num ponto na direção do vôo. Mantendo-se a parte superior do corpo na posição vertical, o órgão responsável pelo equilíbrio não será irritado sem necessidade pelas mudanças de posição do avião.

Para evitar a *kinetosis* você também pode tomar um remédio para esse fim duas horas antes do vôo. Todavia, esse medicamento só tem efeito preventivo, não atuando quando você já estiver passando mal.

## VÔO DE LONGA DURAÇÃO E SEUS EFEITOS NO "RELÓGIO INTERNO": O *JET-LAG*

Se você tiver partido às 12 horas de Frankfurt, chegará a Los Angeles no início da tarde, cerca de 14 horas, depois de quase 11 horas de vôo. Sua aeronave sobrevoou nesse trecho entre Frankfurt e a costa oeste norte-americana vários fusos horários. Desse modo, seu dia aumentou em 9 horas, que você, por assim dizer, voltou no tempo voando.

Na Alemanha, você provavelmente já estaria na cama no horário da aterrissagem (cerca de 23 h). Essa alteração no relógio biológico provoca nos passageiros, e naturalmente também no pessoal de bordo, uma série de danos físicos, mentais e até mesmo anímicos, que tem o nome de *jet-lag*. As pessoas sentem os efeitos desse *jet-lag* em graus de intensidade diferentes. O executivo pode sentir as conseqüências dessa alteração no relógio biológico na diminuição da concentração quando está em reuniões importantes, os atletas de competição podem perder o necessário preparo físico em uma competição. Outros passageiros podem reclamar de um mal-estar generalizado, com perturbações do sono. Todas essas queixas se devem à alteração no relógio biológico.

Já faz alguns anos que o fenômeno *jet-lag* é estudado por diversos pesquisadores em todo o mundo. Através das pesquisas, ficou comprovado que as pessoas toleram melhor os vôos de longa duração quando eles vão do leste para o oeste (como, por exemplo, em um vôo de Frankfurt para Los Angeles), do que do oeste para o leste (por exemplo, Frankfurt –Tóquio).

Como regra geral, sabe-se que para cada duas horas de alteração no relógio biológico necessita-se de um dia para a adaptação do organismo. Assim, para o nosso vôo de longa duração de Frankfurt para Los Angeles, o passageiro comum necessita de quatro a cinco dias para sua adaptação. Algumas pessoas conseguem diminuir esse tempo ao se aproximarem aos poucos da hora local de seu vôo de destino, ficando acordadas, por exemplo, diariamente uma hora mais tarde do que de costume. Entretanto, esses esforços funcionam até o limite de no máximo três horas. Mesmo que você se sinta cansado e abatido no final do vôo longo, você deve tentar adiar o máximo ir dormir, para facilitar a adaptação de seu "relógio interno" à hora local. Fique acordado o máximo que puder, mesmo com o céu claro. A claridade auxilia a adaptação de seu relógio interno (a não ser que você volte em um ou dois dias para casa).

O problema da alteração no relógio biológico em vôos de longa distância também ocorre no vôo de volta. Retornando de Los Angeles para Frankfurt, ou seja, do oeste para o leste, a noite é muito curta. Tente, apesar disso, dormir, ou pelo menos relaxar.

---

Este texto dos "Registros de um comandante de avião" foi escrito por Heinz Rieckert, comandante da Lufthansa, responsável pela formação de pilotos. A ele os autores agradecem pela contribuição. Também agradecemos a Helmut Kaulich, diretor do Serviço de Relações Públicas da Lufthansa em Colônia, que fez uma leitura crítica da segunda edição deste livro, enriquecendo-o com observações técnicas.

# Glossário de vôo

**Airbus**
Empresa européia líder na fabricação de aeronaves.

**Aircraft**
Aeronave.

**Airport**
Aeroporto.

**Airways**
Aerovias.

**Alerões**
Controles móveis de direcionamento nas asas, que permitem a inclinação da aeronave.

**Approach**
Aproximação.

**Arremeter**
Quando ao aterrissar, a aeronave acelera e sobe novamente.

**Arrival**
Chegada.

**ATC (Air Traffic Control)**
Controle de tráfego aéreo.

**Aterrissagem All Weather**
Aterrissagem sem visibilidade, com o auxílio de instrumentos.

**"Blue one"**
Exemplo de uma denominação de uma aerovia.

**Boarding**
Embarque.

**Boarding card**
Cartão de embarque.

**Boeing**
Empresa norte-americana líder na fabricação de aeronaves.

**Cabin attendant**
Comissário de bordo.

**Capitão**
Comandante, Chefe da tripulação.

**Cargo**
Carga.

**Carrier**
Companhia aérea de vôo comercial.

**CAT (Clear Air Turbulence)**
Turbulência em céu claro.

**CAT I, II, IIIa, IIIb, IIIc**
Níveis de funcionamento dos aeroportos que dependem das condições do tempo, categorização correspondente de sua aparelhagem técnica.

**Catering**
Carregamento de refeições e artigos para o atendimento de passageiros durante o vôo.

**Check**
Teste, verificação da aeronave ou da tripulação.

## Check-in
Apresentação para embarque dos passageiros em solo.

## Checklist
Lista de verificação para a manutenção de determinados procedimentos, por exemplo, antes da decolagem e da aterrissagem.

## Cockpit
Cabine de comando.

## Counter
Guichê (de check-in).

## Crew
Tripulação da aeronave.

## Cruising altitude
Altitude de cruzeiro.

## Customs
Alfândega.

## Departure
Partida.

## Destination
Aeroporto de destino.

## Exit
Saída.

## Finger
Túnel que conduz do terminal até a aeronave.

## First Officer
Primeiro Oficial, também chamado de co-piloto, substituto do comandante.

## Flaps
Dispositivos das asas que servem para aumentar sua sustentação.

## Flaps de frenagem
*(speed brakes)*
Flaps que saem das asas para diminuir a velocidade da aeronave (por exemplo, na aterrissagem). São também chamados de spoilers.

## Flight
Vôo.

## Flight Data Recorder
Registrador dos dados de vôo.

## Flight Engineer
Engenheiro de vôo, membro da cabine de comando. Responsável técnico.

## Flight Management System
Sistema eletrônico que auxilia a otimização do vôo e possibilita um consumo menor de combustível    .

## Flight Number
Número do vôo.

## Foot/Feet
Unidade de medida inglesa:

1 pé = 0,306 metros; 3,3 pés = 1 metro

## Fuso horário
Diferença de horas do meridiano de Greenwich em relação ao local onde você está.

## Galley
Cozinha de bordo.

**Gangway**
Escada de passageiros.

**Gate**
Portão de embarque.

**Gear doors**
Portas que fecham a caverna do trem de pouso.

**GMT (Greenwich Mean Time)**
Horário local que tem como referência o meridiano de Greenwich.

**Habilitação-padrão**
Formação prevista em lei para pilotar determinado tipo de aeronave.

**Holding**
Sobrevôo enquanto se aguarda autorização para pouso.

**Horizonte Artificial**
Instrumento que indica para os pilotos, mesmo sem visão exterior, a posição da aeronave em relação ao horizonte.

**IATA (International Air Transport Association)**
Associação de companhias aéreas que operam em âmbito internacional.

**ICAO (International Civil Aviation Organisation)**
Organismo governamental dos países que operam na aviação civil.

**IFR (Instrument Flight Rules)**
Vôo por instrumentos, utilizado quando não há visibilidade (sistema de navegação baseado no uso de satélites e de informações do solo), sob a supervisão do controle de tráfego aéreo.

**ILS**
Sistema de aterrissagem por instrumentos.

**Jet-lag**
Efeito sobre o corpo da diferença de fuso horário.

**Jetstream**
Correntes de vento forte, sobretudo sobre o Atlântico Norte.

**Jumbo Jet**
Boeing 747.

**LBA – Luftfahrt-Bundesamt (Departamento Federal de Aviação alemão)**
Órgão governamental alemão com sede em Braunschweig, responsável pelas questões de segurança da aviação.

**Leme de profundidade (profundor)**
Leme móvel com a função de permitir o movimento de subida e descida da aeronave.

**Lounge**
Sala VIP.

**Milhas náuticas**
Medida de distância:
1 MN = 1,852 km
0,54 MN = 1 km

**Nonstop**
Vôo sem escalas.

**Off blocks**
Início do deslocamento do avião.

**Operations**
Preparação no solo.

**Padrão**
Tipo de aeronave.

**Pátio**
Parte do aeroporto em que as aeronaves ficam estacionadas.

**Pet box**
Gaiola para o transporte de animais.

**Piloto automático**
Sistema computadorizado que com base nos dados inseridos pelos pilotos controla automaticamente a aeronave.

**Programa de avaliação de tendências**
Memorial de todos os parâmetros da turbina relevantes (por exemplo: temperatura, número de rotações) durante o vôo e sua transmissão à base técnica.

**Purser/Purserette**
Chefe da tripulação de bordo.

**Querosene**
Combustível para aeronaves.

**Rádio Farol**
Estação emissora com localização perfeitamente mensurável, cujos sinais são utilizados para auxiliar na navegação em vôo por instrumentos.

**Reversão de empuxo**
Reversão das turbinas através de flaps especiais para encurtar a pista de decolagem.

**Runway**
Pista de decolagem e aterrissagem.

**Sistema de navegação inercial**
Sistema de navegação autônoma.

**Slats**
Flaps na parte anterior da asa.

**Slot**
Espaço de tempo entre decolagem e aterrissagem atribuído a um numero de vôo.

**Steward/Stewardess**
Comissário/Comissária de bordo.

**Take-off**
Decolagem da aeronave.

**Taxiway**
Pista de rolagem.

**TCAS (Traffic Alert and Collision Avoidance System)**
Sistema de alerta para evitar a aproximação perigosa de aeronaves no ar.

**Tempo de espera**
Espaço de tempo entre o taxiamento antes da decolagem até o "estacionamento" após a aterrissagem.

**Terminal**
Terminal do aeroporto.

**Timetable**
Horário.

**Touch down**
Pouso da aeronave.

**Tower**
Torre de controle, local de trabalho dos controladores de vôo.

**Trollies**
Veículos para o transporte de cargas avulsas e bagagem.

**UTC (Universal Time Coordinate)**
Denominação substituta de GMT.

**V1**
Velocidade até onde ainda é possível rejeitar a decolagem.

**V2**
Velocidade de segurança para decolagem. Também chamada *Take-off Safety Speed.*

**Vácuo**
Denominação fantasiosa de leigos de um fenômeno inexistente. A perda de altitude ocasional de uma aeronave é causada pelas correntes de ar verticais.

**VFR (Visual Flight Rules)**
Regras para vôo visual. Só permitidas em determinadas altitudes.

**Vôo cego**
Vôo sem visão da terra, apenas por instrumentos, com o auxílio do sistema de navegação de bordo.

**Vôo direto**
Ligação entre dois locais com o mesmo número de vôo e com escalas. É possível também troca de aeronaves.

**VOR (Very High Frequency Omnidirectional Range)**
Emissora; apoio em terra.

**VR**
Velocidade de rotação para a decolagem.

**Weather Radar**
Radar especial que torna visíveis as tempestades e o acúmulo de nuvens no curso da aeronave.

# QUEM SÃO OS AUTORES

*Rudolf Krefting*
Psicólogo clínico e terapeuta de uma clínica de reabilitação. Desde 1979 realiza seminários para "voar sem stress" para a companhia aérea Lufthansa. Nos últimos 21 anos dirigiu mais de 200 seminários, com mais de 2.100 participantes.

*Ahmet Bayaz*
Trabalha desde 1987 como jornalista na emissora de rádio Süddeutschen Rundfunk, em Stuttgart. É autor de uma série de artigos e programas sobre medo de viajar de avião.

# Envie-nos seus dados e receba informações sobre os próximos lançamentos

Basta responder a este questionário e enviá-lo para:
Editora CLA Cultural Ltda.
Rua Cel. Jaime Americano, 30 – salas 11,12,13 – Vila São Francisco
05351-060 – São Paulo (SP)
Ou preencher a pesquisa no nosso site: www.editoracla.com.br

Nome: _____

End.: _____

CEP: _____ Cidade: _____ Est.: _____

Fone: _____ E-mail: _____

Estado civil:  ☐ solteiro  ☐ casado  ☐ outros

Sexo: ☐ masculino  ☐ feminino

Profissão:

Escolaridade:  ☐ ensino fundamental  ☐ ensino médio
☐ superior  ☐ pós-graduação

**Qual o tipo de livro que você costuma comprar?**

☐ Administração/Negócios ☐ Comunicação

☐ Esporte ☐ Informática

☐ Literatura infantil ☐ Saúde

☐ Outros _____

**De que forma você costuma comprar livros?**

☐ Livrarias ☐ Mala direta

☐ Internet ☐ Outros

☐ Feiras e Congressos

**Com que freqüência?**

☐ 1 a 2 livros por ano ☐ 5 a 6 livros por ano

☐ 3 a 4 livros por ano ☐ mais de 6 livros por ano

**Quais os fatores que influenciam sua compra?**
(enumere em ordem de importância)

| | |
|---|---|
| ___ Preço | ___ Tema |
| ___ Capa | ___ Editora |
| ___ Autor | ___ Divulgação na mídia |
| ___ Formato | ___ Tamanho da letra |
| ___ Número de páginas | ___ Exposição nas livrarias |
| ___ Recomendação de amigos | |

**Você gostaria de receber informações sobre nossas publicações e futuros lançamentos?**
☐ Sim     ☐ Não

**Você gostaria de indicar um amigo para receber informações sobre nossos livros?** (em caso afirmativo, informe nome, endereço ou e-mail)

_____

_____

_____

**Qual a sua avaliação deste livro?**
☐ Ótimo    ☐ Bom    ☐ Regular    ☐ Ruim

Impressão e Acabamento

**Capital**

GRÁFICA EDITORA LTDA.
Rua Lagoa Bonita, 29 / 31
Telefax:(11) **6721-1022**
www.brindescapital.com.br